Desiguais e divididos

Sérgio Costa

Desiguais e divididos

Uma interpretação do Brasil polarizado

todavia

Dedico este livro à memória de Myrian Sepúlveda dos Santos.

Introdução 9

1. Desigualdades multidimensionais,
intersecionais e entrelaçadas 23
2. Vetores, esferas e mecanismos da desigualdade 41
3. Desigualdades, diferenças e escolhas políticas 61
4. Deslocamentos das situações interseccionais
no Brasil contemporâneo 87
5. Situações interseccionais, tensões
conviviais, escolhas políticas 121
Conclusões 153

Agradecimentos 165
Notas 167
Referências bibliográficas 199

Introdução

> *Na rua também não tá fácil não.*
> *Uns juntando inimigos, outros*
> *juntando dinheiro, morô, truta?*
> *Sempre tem um pra testar sua fé.*
>
> Mano Brown, "Vida Loka"

Livros de natureza acadêmica são, via de regra, produto de pesquisas, cujos autoras e autores elegem seus temas, a metodologia e os dados necessários para sua investigação. Em alguns casos, contudo, a relação se inverte. São os temas que saem em busca de seus autores. Isso porque certas questões são de tal forma perturbadoras e inquietantes que elas se impõem como objeto da curiosidade de pesquisadoras e pesquisadores. Esse é o caso, sem nenhuma sombra de dúvida, da vida política brasileira nas duas últimas décadas.

Os governos social-reformistas moderadíssimos comandados pelo Partido dos Trabalhadores (PT) entre 2003 e 2016 e que permitiram que ricos se tornassem ainda mais ricos e pobres pudessem melhorar um pouco suas vidas, beneficiando-se dos ganhos adicionais trazidos pelo ciclo de crescimento econômico, pareciam uma fórmula política duradoura e infalível. E foi, enquanto durou. Não obstante, a reação ao êxito do PT em distribuir sem redistribuir foi violentíssima. Gestada em banho-maria por vários anos, a rebelião "contra tudo que está aí" ganhou força durante os protestos de junho de 2013 e ainda mais vigor nas mobilizações que levaram ao impeachment de Dilma Rousseff em 2016. Mas a musculatura bem definida e o rosto agressivo da rebelião de direita só se tornariam visíveis para valer na eleição para a Presidência da República do radical de direita Jair Bolsonaro em 2018.

A eleição de Bolsonaro e centenas de aliados na esteira da revolta da direita, a despeito ou precisamente por causa de seus discursos e práticas misóginos, homofóbicos, racistas, autoritários, é tão surpreendente quanto o fato de ele, como presidente, ter perdido a reeleição em 2022. E perdeu justo para Lula, que ganhou a eleição a despeito ou precisamente por ter passado 580 dias na cadeia por supostas ilegalidades cometidas durante seus primeiros mandatos como presidente. Ou seja, do ponto de vista analítico, a capacidade de resistência política e eleitoral da esquerda, ainda que muito menos comentada e estudada, não é menos desafiadora que a ascensão aparentemente repentina da direita.

Essas questões detêm uma espécie de força interpelativa intrínseca e é nesse sentido que procuraram quem se interessasse em decifrá-las. De certo modo, continuam procurando. Afinal, o ciclo de novas surpresas não está encerrado e mesmo algumas surpresas velhas seguem ainda parcamente explicadas. Seja como for, esses temas, como era de esperar, encontraram e continuam encontrando muita gente interessada em pesquisá-los. Já há uma bibliografia riquíssima disponível sobre as transformações, tanto as bruscas como as mais suaves, pelas quais vem passando o Brasil no século XXI. Há desde explicações conspiratórias até trabalhos empíricos muito detalhados. E o que é melhor: há não apenas artigos, o formato que, hoje, melhor remunera os esforços dos cientistas sociais. Há também alguns livros monográficos que tomam para si a tarefa de discutir não apenas aspectos pontuais ou períodos específicos, mas o todo, a *Gesamtbild*, a *big picture*.

Desiguais e divididos, modesto em suas dimensões e ambições, tem um objetivo duplo. O primeiro é revisar e comentar criticamente essa profícua bibliografia brasileira sobre as mudanças recentes no país. Ainda que os desenvolvimentos observados no Brasil sejam naturalmente inseparáveis de transformações globais, concentro-me neste livro nos debates sobre o país. O segundo objetivo decorre do primeiro. Trata-se de ordenar os fatos e propor, com base no diálogo com o que já foi pesquisado, uma interpretação própria dos acontecimentos, de sorte a poder narrar o todo a partir de um vocabulário teórico compilado para esse fim.

A perspectiva teórica adotada, por sua vez, é construída em estreito diálogo crítico com a bibliografia internacional sobre desigualdades sociais, já que esse aspecto, conforme entendo, tem sido ainda pouco contemplado na produção brasileira.

Esta introdução, em seus conteúdos e formato, é uma miniatura invertida do trabalho como um todo. Começo discutindo, panoramicamente, a bibliografia brasileira, para delinear, na segunda parte, as linhas básicas da interpretação que desenvolvo. No restante do livro faço o oposto, começo pela discussão teórica para passar, nos últimos capítulos, para a análise do caso brasileiro.

Três matrizes explicativas

É incontável o número de teses, artigos, livros e estudos que discutem as razões que levaram uma maioria de eleitores brasileiros a eleger como presidente em 2018 um político até então pouco conhecido, sem nenhuma folha relevante de serviços prestados ao país e que construiu sua campanha vitoriosa sobre a imagem falaciosa de político antissistema, ultraconservador na órbita dos costumes e ultraliberal na política econômica.

Ainda que sem a menor pretensão de esgotar a vastíssima bibliografia disponível, parece-me possível, para os fins do presente livro, classificar as contribuições existentes em três matrizes analíticas, organizadas conforme a causa principal que apontam para as inflexões observadas, a saber: explicações socioestruturais, ideológicas e culturais.

As *abordagens socioestruturais* destacam a mudança de perfil do eleitorado do PT, que, ao longo das sucessivas eleições, se desloca cada vez mais das classes médias escolarizadas do Centro-Sul do país para os estratos mais baixos de renda, para os menos escolarizados e para a região Nordeste. Amory Gethin e Marc Morgan[1] buscam explorar a relação entre a motivação para o voto e ganhos e perdas de renda pelos diferentes estratos sociais, considerando também outros fatores, como raça, escolaridade, região e religião. Eles constatam uma correlação positiva muito consistente entre o voto a favor ou contra o PT e os grupos que ganharam ou perderam economicamente durante os governos comandados pelo partido e nos governos que se seguem. Particularmente relevante é a situação das chamadas "classes médias espremidas",[2] que, mesmo nas épocas de rápido crescimento econômico em que todos os estratos experimentaram ganhos de renda, viram seu incremento de renda ficar muito abaixo dos ganhos dos muito ricos e dos pobres.

Para André Singer,[3] os vínculos entre comportamento eleitoral e mudanças socioeconômicas no período passam pela compreensão das contradições intrínsecas ao que ele chama de lulismo, isto é, a aliança de classes que o PT constitui para governar, a qual buscava, conforme entende o autor, conciliar interesses das classes trabalhadoras organizadas e das diferentes frações da burguesia e das classes médias. Em suas ações específicas, os governos petistas teriam beneficiado particularmente o subproletariado, isto é, a massa trabalhadora informalizada, com ocupações incertas e vínculos trabalhistas precários. Quando Dilma Rousseff tenta, contudo, aprofundar o reformismo social iniciado nos governos Lula, através da adoção de políticas desenvolvimentistas e um programa de combate à corrupção, exacerbam-se as contradições inerentes à aliança de classes materializada no lulismo, levando ao colapso desse arranjo. Armando Boito Jr. e Tatiana Barringer também entendem que os quatro primeiros governos do PT representaram uma aliança de classes, mas consideram que "a grande burguesia interna brasileira" sempre manteve o controle da aliança, de sorte a obter as garantias de "favorecimento e de proteção do Estado na concorrência que elas empreendem com o capital estrangeiro".[4] Para Boito Jr., a derrocada da aliança de classes costurada pelo PT culminando com a eleição de Bolsonaro teria sido produto da Operação Lava Jato, a qual, supostamente planejada em cooperação com o Departamento de Estado americano, "instrumentalizava politicamente a luta contra a corrupção para golpear exclusivamente empresas nacionais e o próprio PT, satisfazendo interesses e expectativas políticas do capital estrangeiro e da alta classe média".[5]

Alfredo Saad-Filho busca entender a eleição de Bolsonaro no contexto do que ele chama de neoliberalismo autoritário. Segundo sua interpretação, a fase atual do neoliberalismo sucede a períodos anteriores de continuadas perdas econômicas e de direitos para a maior parte da população trabalhadora. Nesse contexto, emergem lideranças que se apresentam como opositoras à política convencional e às elites estabelecidas, prometendo repor as perdas sofridas com o intuito de conquistar o apoio do eleitorado. Contudo, esses líderes, "quando chegam ao poder, implementam programas que *intensificam* o neoliberalismo sob o manto do nacionalismo e de um racismo mais ou menos explícito".[6] Isso gera novas frustrações, criando um terreno fértil para outros ciclos de aprofundamento do autoritarismo.

Essas diferentes interpretações econômicas do ciclo de crises no Brasil constituem contribuição sem dúvida relevante para entender uma dimensão importante do problema, mas pecam pelo determinismo econômico. Volto a esse ponto mais adiante.

Os trabalhos centrados nos *fatores ideológicos* recorrem tanto a pesquisas quantitativas de comportamento eleitoral[7] quanto à análise de discurso[8] e à análise das organizações e redes da direita, etnografias digitais e mesmo ao estudo de dados agregados e do tráfego digital.[9] A primeira conclusão que se extrai desses estudos é que os grupos à direita do espectro político lograram promover um vigoroso aumento de seu poder de difundir e conectar seus discursos e bandeiras tanto nas plataformas e redes sociais digitais quanto através de movimentos sociais organizados e manifestações de rua. Igualmente relevante foi sua penetração em veículos convencionais de comunicação de massa, isto é, rádio, televisão e imprensa escrita. Ao mesmo tempo que isso acontece, as disputas eleitorais no Brasil, conforme essa leitura, vão se tornando cada vez mais pautadas pelas disputas ideológicas, de sorte que o fator decisivo para as escolhas eleitorais nas eleições de 2018, quando Bolsonaro se elegeu presidente, teria sido a ideologia política:

> O brasileiro, a partir de 2014, tem se posicionado mais na escala esquerda-direita e, em 2018, mostra maior coerência entre, de um lado, a sua localização nessa escala e, de outro, a sua identificação partidária e o voto. Além disso, suas opiniões e posições em relação a alguns dos assuntos que dividem esquerda e direita no Brasil, hoje, revelaram ser bons preditores do voto.[10]

Os trabalhos que tratam dos fatores ideológicos são particularmente elucidativos para explicar de que maneira as estratégias políticas usadas pela direita e dispositivos como as políticas de ódio, as guerras culturais, a relativização dos fatos e a criação de inimigos públicos redefinem as linhas do conflito político. Questões que haviam se consolidado nas décadas anteriores como eixos em torno dos quais se articulavam a luta política como o fortalecimento da democracia e a justiça social parecem ter perdido importância relativa nas eleições de 2018 em comparação com temas como modelos de família e padrões de sexualidade e moralidade. Por outro lado, temas que já eram relevantes nas disputas políticas são ressignificados em linguagem moral, de sorte que, por exemplo, a segurança pública se torna uma disputa entre pessoas de bem e bandidos e a mobilidade social, sinônimo exclusivo do mérito pessoal. Também a corrupção é ressignificada no discurso da direita. Deixa de ser um problema sistêmico situado na relação entre Estado, sistema político e economia para ser tratada como produto da falta de decência e compostura dos políticos petistas e particularmente do presidente Luiz Inácio Lula da Silva. Os estudos deixam também evidente o papel da Operação Lava Jato e sua cobertura sensacionalista na mídia para personalizar a corrupção e alimentar a rejeição pública ao PT, tornando o antipetismo um fator político eleitoral decisivo.[11] Não obstante, a explicação pelos fatores ideológicos peca também, como as explicações econômicas, por ser monocausal.

As abordagens que buscam na *cultura* a explicação para a guinada à direita no país tendem a entender essa adesão como a reação à perda ou à ameaça de perda de privilégios garantidos pela cultura marcada por hierarquias múltiplas nos âmbitos do sexo e gênero, sexualidade, raça e etnicidade, origem social etc. Para analisar a ameaça aos privilégios raciais, Patricia de Santana Pinho aciona o par de conceitos branquitude ferida (*injured whiteness*) e branquitude aspiracional (*aspirational whiteness*):

> Enquanto a branquitude ferida se refere à classe média brasileira tradicional, a branquitude aspiracional se refere à classe baixa brasileira. Estes dois fenômenos se condicionam mutuamente e revelam a cumplicidade interclasses necessária para sustentar o poder da branquitude.[12]

Parafraseando Pinho, pode-se formular que, em campos diversos, estudos mostram que a adesão à direita é motivada pela percepção da supremacia ferida no âmbito das transformações que têm lugar nas duas últimas décadas no Brasil. É isso que observam, por exemplo, Rosana Pinheiro-Machado e Lucia Mury Scalco no caso da "desestabilização da masculinidade hegemônica"[13] em face do empoderamento das mulheres, ou Ronaldo de Almeida[14] no caso da defesa da família tradicional contra a pluralização dos modelos de sexualidade e família, ou diversos autores no caso da perda de privilégios da classe média estabelecida.[15]

O que não encontra paralelo nesses outros estudos é um equivalente para a branquitude aspiracional, a qual remete a formas de emulação e imitação do grupo opressor como estratégia de ascensão social. O argumento de Patricia de Santana Pinho, ao evocar a branquitude aspiracional, tem, é certo, consequências conceituais, morais e políticas indesejadas, como mostram os debates no contexto norte-americano sobre a branquitude aspiracional entre a população latina.[16] Ainda assim, oferece, a seu modo, elementos para explicar não apenas por que os grupos opressores aderem à direita, mas também porque os segmentos oprimidos abraçam o discurso da meritocracia.[17]

Essas três linhas de estudo da guinada à direita no Brasil fornecem pistas relevantes para compreender as transformações profundas da sociedade e da política brasileiras nos últimos anos. Não obstante, deixam sem resposta muitas perguntas e, além do mais, sofrem de certa monodisciplinaridade, ao reduzir as explicações de fenômenos que afetam todas as esferas da vida social ao campo específico de interesse das disciplinas que representam. Assim, as explicações econômico-estruturais, ao justificar o voto à direita pelo ascenso ou descenso na estrutura social, adotam uma leitura economicista das desigualdades e não levam em conta que a mobilidade para cima e para baixo não é só econômica. Implica igualmente movimentos nas hierarquias de poder ou em dimensões específicas das hierarquias sociais, como garantia da segurança pública ou qualidade ambiental.

As pesquisas focadas nos fatores ideológicos, por sua vez, normalmente conduzidas por cientistas políticos, ao se restringirem à análise das transformações políticas mais visíveis, explicam *como*, mas não *por que*, a direita cresceu. Também não explicam por que Bolsonaro não se reelegeu. Afinal, durante seu governo, as estruturas e os mecanismos de ação política da extrema direita foram fortalecidos como nunca, mas ainda assim seus discursos perderam parte de seu poder de persuasão e mobilização.

Também as explicações pela cultura pecam pela unidimensionalidade e perdem parte de sua plausibilidade quando analisamos as variações nas preferências políticas ao longo do tempo. Ou seja, as explicações culturais, em alguns casos culturalistas, não esclarecem por que eleitores atavicamente machistas, sexistas e classistas elegeram candidatos do PT para quatro mandatos presidenciais consecutivos entre 2003 e 2016, e, mais, reelegeram Lula em 2022.

Explicando com as próprias palavras

Parece-me forçoso reconhecer que a adesão a discursos mais à direita ou mais à esquerda no espectro político não se explica por nexos de determinação unívocos, conforme aqueles descritos nas três correntes discutidas acima, isto é, os nexos entre escolhas políticas e, respectivamente, posição na estrutura social, difusão de ideologias de direita ou disposições culturais. Menos que algo inevitável e determinável previamente, as posições políticas assumidas pelos diferentes grupos, sejam eles definidos por critérios de classe, gênero, sexualidade, raça e etnicidade, região ou religião, são mutáveis e contingentes.

Note-se que isso não é o mesmo que dizer que esses vínculos são fortuitos ou aleatórios. Há uma lógica e uma razão, ou, melhor dito, há lógicas e razões que permitem explicar, ao menos a posteriori, por que grupos de pessoas fazem certas escolhas políticas e aderem a certos discursos em determinadas épocas. Decorre dessa constatação a tarefa autoimposta de buscar entender as razões contingentes e mutantes que levaram pessoas a aderir, através do voto circunstancial e/ou da adesão mais continuada ao longo do tempo, a interpretações e significações classificadas como mais à direita ou mais à esquerda do espectro político.

Em sua fórmula analítico-teórica, a hipótese central deste livro é que existe um nexo forte e claro entre a situação interseccional de indivíduos e grupos e suas escolhas políticas. A situação interseccional condiciona, mas não determina, as escolhas políticas. Afinal, a contingência é a regra que, na sociologia, não admite exceções.

Situação interseccional é um termo utilizado neste livro para expandir o conceito situação de classe (*Klassenlage*) cunhado por Max Weber.[18] Se para Weber a situação de classe nomeava a posição de indivíduos e grupos nas hierarquias econômicas, a situação interseccional remete à posição nas múltiplas hierarquias sociais entrelaçadas e interdependentes.

Analisar a situação interseccional requer uma definição multidimensional de desigualdades sociais apta a captar os vários vetores cuja interseção determina nossa posição nas hierarquias sociais. Requer também levar em conta eixos hierárquicos diversos, isto é, considerar não apenas desigualdades de classe, mas também as referentes a gênero, raça, etnicidade e outros eixos relevantes em cada caso.

Aplicada ao caso brasileiro, essa proposição teórica implica admitir que as transformações recentes, por mais bruscas e inesperadas que pareçam, podem ser explicadas a partir dos vínculos específicos entre os deslocamentos nas situações interseccionais de indivíduos e grupos e suas escolhas políticas específicas. Importam aqui não apenas os movimentos mesmos, mas a maneira (com o perdão da insistência: contingente!) como esses deslocamentos são significados e explicados. Isso implica que alguém que abraçou com grande convicção as propostas do PT até, digamos, 2013 e, com a mesma convicção, saiu às ruas para pedir o impeachment de Dilma Rousseff em 2015 e votar em Bolsonaro em 2018 e 2022 o fez porque viu sua situação interseccional se modificar e/ou porque encontrou nos discursos mais à direita do espectro político formas mais convincentes de traduzir as angústias e aspirações que esses deslocamentos ativaram.

Dizer quem ganhou ou perdeu posições interseccionais em um determinado período não é tarefa trivial. Primeiro, porque a multidimensionalidade das desigualdades implica que perdas e ganhos podem ser assimétricos, isto é, ganhos econômicos podem conviver, por exemplo, com perdas de qualidade de vida do ponto de vista ambiental ou da segurança pública. Além disso, a multiplicidade de hierarquias politicamente relevantes leva, por exemplo, a que homens brancos que saíram da pobreza, ganhando posições econômicas, possam ter a sensação de que pioraram sua situação interseccional se, ao mesmo tempo, já não podem constranger ou oprimir mulheres e negros com a mesma sem-cerimônia de poucas décadas atrás.

O interesse em explicar as transformações políticas recentes no Brasil a partir dos deslocamentos interseccionais de diferentes grupos define a estrutura deste livro. Os três primeiros capítulos são dedicados a desenvolver o vocabulário teórico que orienta a análise empírica dos dois capítulos finais. Representam, portanto, um esforço de mostrar a plausibilidade do argumento de que há um nexo necessário, ainda que contingente, entre deslocamentos interseccionais e escolhas políticas.

Para tanto, desenvolvo no primeiro capítulo uma definição de desigualdades sociais como distâncias entrelaçadas entre indivíduos e grupos nas hierarquias sociais. A referência a distâncias entrelaçadas não é genérica. Tem um sentido específico e preciso, na medida em que essas distâncias são entendidas como multidimensionais (desigualdade de quê?), interseccionais (desigualdade entre quem?) e transversais do ponto de vista geográfico (desigualdade onde?) e histórico (desigualdade quando?).

O segundo capítulo funciona como uma espécie de zoom que busca focalizar com mais precisão três aspectos das desigualdades entrelaçadas que são cruciais para entender os deslocamentos interseccionais observados no Brasil nas duas últimas décadas. Trata-se de discutir os *vetores* da desigualdade analiticamente mais relevantes para o caso brasileiro, as *esferas sociais* em que as desigualdades se manifestam, são percebidas e negociadas e os *mecanismos* para lidar com a desigualdade, isto é, os instrumentos de que se valem os diferentes grupos para afirmar ou incrementar suas posições interseccionais.

Uma vez desenvolvidos os argumentos para caracterizar e identificar a situação interseccional e seus deslocamentos nos dois primeiros capítulos, o terceiro capítulo explora o outro lado da medalha dos nexos entre situação interseccional e escolhas políticas. Ou seja, apoiando-me no conceito de articulação cunhado no âmbito da teoria política pós-estruturalista e mais particularmente na acepção desenvolvida sobretudo por Stuart Hall,[19] mostro no capítulo 3 como discursos políticos, sejam eles referidos a classe, gênero, raça, etnicidade ou já de saída interseccionais, e sujeitos políticos se constituem reciprocamente. A opção teórica adotada tem um sentido claro e firme de rejeitar os determinismos econômicos, ideológicos ou culturais.[20]

Nos capítulos 4 e 5, os recursos teóricos desenvolvidos nos três primeiros capítulos são combinados e mobilizados para explicar as transformações brasileiras recentes em dois estágios. Enquanto o capítulo 4 investiga os principais deslocamentos interseccionais nos diferentes ciclos de mudanças entre 2003 e 2024, o capítulo 5 busca explorar os repertórios desenvolvidos nesses diferentes períodos para processar e significar no plano cotidiano e na esfera política as transformações observadas. As conclusões do livro, como de praxe, resumem os principais achados da pesquisa e apontam para algumas perguntas que continuam sem resposta.

Espero que o exercício de renomear e retraduzir os acontecimentos tão marcantes experenciados pela sociedade brasileira nas últimas duas décadas ajude, de fato, a decifrar passagens ainda pouco conhecidas desse intenso ciclo de transformações. Espera-se do mesmo modo que a narrativa do todo, da *big picture*, desenhada aqui seja minimamente convincente, de forma a oferecer pistas não apenas para dar sentido ao que parece incompreensível, mas para nos ajudar a sair da enrascada em que nos metemos como país desigual, que sempre fomos, e como essa sociedade profundamente dividida, que nos tornamos.

I.
Desigualdades multidimensionais, interseccionais e entrelaçadas

Os acontecimentos das primeiras décadas do século XXI na América Latina, em virtude das mudanças políticas muitas vezes bruscas, combinando a alternância entre governos sócio-reformistas e ultraliberais em curto espaço de tempo, conformam um contexto particularmente rico para explorar e entender como operam as desigualdades em suas distintas dimensões. Assim, se é verdade que os primeiros anos do novo século foram marcados na região pela chegada ao poder de governos de centro-esquerda, configurando a chamada maré ou onda rosa, também é verdadeiro que a reação conservadora veio muito rapidamente. Em alguns casos, como na Venezuela e na Nicarágua, ainda que não tenha havido mudança de regime, as regras do jogo democrático foram de tal sorte vilipendiadas que já não se pode falar de uma continuidade da maré rosa, que, ao menos em sua origem, implicava um social-reformismo democrático.[1] Mais recentemente, políticos de centro-esquerda lograram conquistar governos de países com largo histórico de mandatários conservadores, como são os casos de México e Colômbia, ou reconquistar governos de países em que a maré rosa foi abortada por governos conservadores, como Chile e Brasil. Seria, contudo, prematuro ver nessas mudanças uma nova maré rosa, já que as condições macroeconômicas, tanto nos planos nacionais quanto globais, para a ampliação das políticas sociais no presente momento são muito menos favoráveis que aquelas que vigoravam na primeira maré rosa.

Embora as políticas de transferência de renda adotadas ou ampliadas durante a maré rosa tenham reduzido significativamente a pobreza, esse tipo de intervenção demonstrou um poder muito limitado para transformar as estruturas de desigualdade persistentes. Quando os governos da maré rosa tentaram promover mudanças mais enfáticas nas hierarquias sociais existentes, as elites locais reagiram, desestabilizando-os.

O caso brasileiro é paradigmático. Aqui, as políticas de transferência de renda reduziram pela metade as taxas de pobreza em cerca de dez anos, entre 2003 e 2013. Aumentos reais do salário mínimo e novas oportunidades criadas durante o ciclo de crescimento econômico também tiveram impacto na vida cotidiana, na medida em que os "emergentes" começaram a disputar espaços e bens de distinção reservados até então às classes médias estabelecidas. Essa disputa de espaços e bens, a recessão econômica iniciada em 2015, além das investigações e prisões por corrupção, que inibiram o acesso dos mais ricos ao Estado e puseram em xeque o sistema de formação de maioria parlamentar que vigoravam até então, levaram à destituição da presidente eleita Dilma Rousseff em 2016.

Entre os analistas da estrutura social brasileira, há um amplo consenso de que a redução das desigualdades durante o primeiro ciclo de governos do PT (2003-16) é resultado da conjunção entre processos econômicos (como o aumento dos preços internacionais das commodities e movimentos no mercado de trabalho brasileiro) e as políticas sociais adotadas, particularmente o aumento real do salário mínimo.[2] A bibliografia especializada também destaca que a inexistência de uma reforma tributária capaz de reverter a estrutura regressiva da cobrança de impostos assim como a falta de investimentos na oferta de bens públicos reduziram o impacto das políticas adotadas sobre a desigualdade.[3]

Em decorrência dessas características, a redução das desigualdades verificada na maré rosa não se mostrou sustentável, sucumbindo, a partir de 2015, à combinação adversa de crescimento econômico modesto (ou mesmo negativo), da "desindustrialização precoce", da "reprimarização" da economia e da queda dos preços das commodities, além da aceleração da financeirização.[4]

Além disso, desde 2016, as mudanças políticas verificadas após a destituição de Dilma Rousseff não só contribuíram para estancar os pequenos deslocamentos na estrutura social em favor dos mais pobres como levaram a uma reversão da limitada redistribuição de renda e poder verificada durante a maré rosa. Com efeito, além de extinguirem agências vinculadas ao combate das disparidades em termos de gênero e raça, o governo Temer (2016-8) e depois o governo Bolsonaro (2019-22) buscaram reverter, sistematicamente, avanços sociais obtidos no período 2003-13. Entre as medidas adotadas, contam-se privatizações e concessões facilitadas a grandes empresas, congelamento dos gastos sociais, redução drástica de direitos trabalhistas etc., que, em seu conjunto, buscam reconcentrar a pequena parcela da riqueza e do poder redistribuída entre os mais pobres e menos poderosos durante a maré rosa. Ainda que Lula tenha voltado à Presidência em 2023 com o propósito explícito de retomar o ciclo de benefícios para os mais pobres e as minorias, as dificuldades para a implementação de seu programa de governo são enormes.

Não há dúvida de que, comparando-se com o que ocorreu, depois, nos governos Temer e Bolsonaro, as mudanças no panorama das desigualdades no Brasil observadas nos governos do PT, particularmente entre 2003 e 2014, mais se parecem com uma revolução social. Analiticamente, contudo, a referência para avaliar a profundidade e consistência de políticas de combate à desigualdade não pode ser a comparação entre governos social-reformistas e governos inteiramente descomprometidos com os mais pobres. Mais prudente é partir da própria pesquisa sobre desigualdades e, com base no estado da arte nesse campo, constituir um marco analítico-teórico para analisar os movimentos observados. É o que busco fazer neste e no próximo capítulo.

Como tema que acompanhou desde sempre a história das ciências sociais, a desigualdade social foi e continua sendo definida de maneira muito variada, dependendo dos propósitos analíticos e políticos de quem a define. No final do século XX, as abordagens neoclássicas alcançaram especial relevância tanto no campo disciplinar da economia quanto nas principais organizações internacionais, como também nas agências de desenvolvimento da Organização das Nações Unidas e no Banco Mundial. Nesses contextos, privilegiou-se uma definição específica de desigualdades, que ainda hoje continua muito influente no âmbito das agências internacionais e públicas. Segundo ela, desigualdades sociais se referem às diferenças observadas nas chances individuais de acesso e posse de bens socialmente valorizados. Assim, as diferenças individuais de renda, estudadas dentro das fronteiras nacionais e medidas na maior parte dos casos pelo índice de Gini, se tornaram a forma por excelência de abordar as desigualdades sociais.

Essa definição restrita do que são desigualdades apresenta vantagens práticas, na medida em que oferece uma base mensurável para comparações entre indivíduos e sociedades nacionais. No entanto, não leva adequadamente em conta outras dimensões cruciais das desigualdades, captadas por conceituações mais complexas. Seguindo as pistas de Juan Pérez Sáinz,[5] que busca agregar uma perspectiva latino-americana à distinção de Norberto Bobbio entre "desigualdades de quê" e "desigualdades entre quem", o presente capítulo busca ampliar as perguntas a considerar, de sorte a mapear o debate crítico contemporâneo sobre desigualdades a partir de quatro perguntas, a saber: i) desigualdades de quê; ii) desigualdades entre quem; iii) desigualdades quando; e iv) desigualdades onde.

Desigualdades e interdependências

Desigualdades de quê?

Um foco exclusivo nas desigualdades de chances ou oportunidades implica, implícita ou explicitamente, aceitar o ideal liberal de acordo com o qual as posições sociais nas sociedades modernas são determinadas exclusivamente pelos esforços e pelos méritos individuais. Seguindo essa lógica, se os indivíduos têm oportunidades sociais semelhantes, as disparidades em suas condições de vida refletem, supostamente, as diferenças em termos de esforço individual. Essa suposição tem sido amplamente criticada e confrontada com o argumento de que adscrições relativas a gênero, raça, etnia e outras continuam sendo extremamente relevantes para as possibilidades de mobilidade social — mesmo nas sociedades em que vige plenamente a democracia liberal.[6]

Nas sociedades latino-americanas, o papel de adscrições diversas na formação das desigualdades sociais é, como se sabe, especialmente relevante. Categorizações que remontam, em muitos casos, a classificações criadas no período colonial com o claro propósito de dominar, disciplinar e controlar populações inteiras, tais como "negro", "mestiço" ou "índio", ainda influenciam a posição ocupada pelos indivíduos nas hierarquias socioeconômicas existentes.

Para não reproduzir a ideologia liberal da meritocracia, segundo a qual posições sociais são resultado de conquistas pessoais (*achievements*) e não de adscrições sociais (*ascriptions*), a pesquisa sobre desigualdades vem crescentemente se dedicando ao estudo das desigualdades de posição ou de resultado, em oposição à de oportunidades. É também fundamental ampliar as dimensões, ou seja, os tipos de desigualdade considerados.

Não há dúvida de que as desigualdades socioeconômicas, medidas em termos de renda e riqueza, são cruciais para apontar as diferenças nas condições de vida concretas — afinal, os grupos mais ricos dispõem de melhor moradia, melhor assistência médica, mais e melhor lazer e maior expectativa de vida que grupos que ocupam uma posição inferior na estrutura socioeconômica. Não obstante, três outras dimensões das desigualdades sociais, em geral desconsideradas pela investigação convencional, são também decisivas para determinar as distâncias nas condições de vida dos diferentes grupos sociais: as assimetrias políticas, as desigualdades existenciais e as desigualdades socioecológicas.

As *desigualdades políticas* podem ser definidas como as diferentes possibilidades que indivíduos ou grupos têm de exercer influência nas decisões que afetam suas trajetórias, materializando-se, ainda, na distribuição assimétrica dos direitos políticos e sociais. Elas apresentam um vínculo claro com as desigualdades socioeconômicas. Todavia, mostram outra dimensão que não está refletida na posição socioeconômica individual, isto é, as desigualdades relacionadas ao nível de prevalência dos direitos de cidadania e esquemas de proteção social.

Sociedades que dispõem de um Estado de bem-estar forte e amplo, capaz de oferecer bons serviços públicos de educação, segurança, saúde e transporte, contribuem enormemente para diminuir o impacto das desigualdades socioeconômicas sobre as condições de vida existentes. Isto é, ainda que tenham nível de renda distintos, cidadãos de uma sociedade com um Estado de bem-estar consolidado podem ter condições de vida similares. Em contraste, os Estados nacionais que investem pouco em políticas sociais ou concentram suas políticas nas transferências de renda para os pobres contribuem muito pouco para reduzir as disparidades nas condições concretas de vida de seus cidadãos.[7]

Ao tratar as assimetrias políticas aqui como distâncias, em termos de direitos ou da capacidade de influenciar decisões distributivas relevantes, não se pretende obviamente ofuscar o caráter contingente e relacional do poder. Isto é, o poder não é exercido através da simples posse de um arsenal de instrumentos ou recursos políticos. Seguindo a tradição inaugurada por Norbert Elias,[8] o qual, discordando de Weber, dessubstancializa o poder, transformando-o em categoria relacional (*Beziehungsbegriff*), poder não é entendido aqui como algo que é passível de se possuir; ele é exercido, adquirido, legitimado, de forma dinâmica, em relações sociais concretas, cujos resultados sempre envolvem alguma imprevisibilidade — tanto no plano do poder interpessoal quanto no do político-institucional.

As *desigualdades existenciais*, ainda que associadas a desigualdades políticas, apresentam características particulares e merecem ser mencionadas aqui à parte. Com base em Therborn,[9] pode-se definir as desigualdades existenciais como as possibilidades distintas de conduzir a vida de acordo com os próprios anseios e convicções. De forma geral, a referência a desigualdades existenciais se dá no contexto da relação entre minorias e maiorias, na medida em que grupos subalternizados, como minorias étnicas e religiosas, grupos LGBT etc., podem, por meio de coação ou imposição, ser impedidos de concretizar seus projetos pessoais ou coletivos. Em contextos marcados por altas taxas de violência e criminalidade, grupos populacionais inteiros, residentes, por exemplo, em uma favela ou bairro periférico, podem estar sujeitos à coerção legal ou ilegal de agentes do Estado ou atores armados privados (milícias, organizações criminosas etc.), cujas ações podem ter consequências para a liberdade de movimento, de expressão etc. e para a garantia da vida dos grupos a eles submetidos.

As *desigualdades socioecológicas*, por sua vez, se referem às diferenças de acesso a bens ambientais, como água potável, ar limpo, parques etc., e às possibilidades desigualmente distribuídas para a proteção contra riscos ambientais, como desastres naturais e perigos produzidos pela ação humana (poluição, irradiação etc.). Como os bens ambientais são amplamente mercantilizados nas sociedades contemporâneas e os riscos ambientais podem também ser externalizados e até exportados, as desigualdades socioecológicas não são um produto linear da distribuição geográfica "natural" desses bens e riscos ambientais. Pelo contrário: estudos recentes nesse campo defendem a ideia de um "nexo coconstitutivo" entre natureza e sociedade, de sorte que, segundo Kristina Dietz, a forma como a natureza "é produzida, conhecida, apropriada, representada e transformada socialmente é uma das variáveis que explicam as desigualdades sociais".[10]

Permita-me resumir os argumentos desenvolvidos até este ponto. Pesquisar as desigualdades a partir de uma ótica interdependente requer, em primeiro lugar, uma mudança de perspectiva, de maneira a estender a investigação das desigualdades de oportunidades para as desigualdades de posições ou resultados. Em segundo lugar, implica um conceito multidimensional de desigualdade, capaz de contemplar, de forma consistente e coerente, as desigualdades socioeconômicas, políticas, existenciais e socioecológicas. Essas quatro dimensões podem ser desdobradas e especificadas na forma de vetores da desigualdade, como veremos no capítulo 2.

Desigualdades entre quem?

Valendo-se de conceitos e referências como desigualdades horizontais — em contraste com as verticais[11] — e desigualdades categoriais,[12] diferentes autores buscaram enfatizar a importância de pesquisar desigualdades não apenas entre indivíduos, mas também entre grupos definidos por categorizações sociais, sejam elas autoatribuídas ou adscritas. A contribuição de Charles Tilly ao estudo das desigualdades persistentes (*durable inequalities*) é particularmente influente no debate.

Hoje, passados muitos anos depois que essas categorias foram cunhadas, estudos em campos diversos vêm apontando muitos limites tanto da abordagem das desigualdades horizontais e verticais de Stewart quanto das desigualdades categoriais de Tilly, como será mostrado mais adiante, no capítulo 3. Não obstante, esses conceitos continuam relevantes porque indicam a importância das adscrições na estabilização dos padrões de desigualdade. De forma similar, também contribuições mais recentes, provindas da pesquisa sobre interseccionalidade, mostram de maneira convincente que as posições nas estruturas sociais sempre derivam de interações complexas de categorizações de raça, gênero, classe etc.

Há duas novidades importantes na nova geração de estudos sobre interseccionalidade, como aqueles desenvolvidos por Floya Anthias[13] e Patricia Hill Collins e Sirma Bilge.[14] Diferentemente dos primeiros estudos que cunharam a expressão "interseccionalidade", surgidos no final dos anos 1980,[15] os trabalhos mais recentes investigam as categorizações relativas a raça, etnicidade etc. não como dadas, mas se dedicam a entender o processo de construção e mobilização dessas categorias no âmbito institucional e das relações cotidianas.[16] Além disso, trabalhos que estudam a interseccionalidade nos contextos de imigração introduzem a categoria nacionalidade ou cidadania como marca adscritiva. Com isso, fica evidente que os tão celebrados direitos de cidadania têm, como o deus grego Jano, um duplo rosto: ao mesmo tempo que podem promover a redução das desigualdades no plano nacional, reforçam as desigualdades no plano global, ao garantir que os mecanismos de redistribuição de bem-estar e riqueza não extrapolem as fronteiras nacionais.[17]

Igualmente relevante para discutir a pergunta "Desigualdades entre quem?" é a ênfase dos estudos recentes sobre interseccionalidade nas interdependências entre as diversas hierarquias. Isto é, desigualdades vinculadas a gênero, raça, classe etc. estão estruturalmente interconectadas e são também vivenciadas como indissociáveis.[18] Desse modo, a pergunta "desigualdades entre quem" remete aos diferentes eixos que estruturam as desigualdades existentes relativos a gênero, raça, classe etc. tomados não um ao lado do outro, como se as desigualdades existentes fossem uma soma das posições ocupadas nas várias relações hierárquicas. Esses eixos são na verdade feixes de relações que se inter-relacionam e se influenciam mutuamente. Volto a esse ponto no capítulo 3.

Desigualdades quando?

A maior parte das investigações estuda as desigualdades de uma perspectiva sincrônica e contemporânea, sem prestar atenção ao fato de que as estruturas sociais existentes refletem necessariamente processos históricos de longo prazo.[19] Desde ao menos a contribuição paradigmática de Charles Tilly,[20] diferentes estudos procuraram ampliar a perspectiva temporal de suas análises a fim de identificar a constituição histórica das estruturas de desigualdade presentes. No caso da América Latina, alguns trabalhos buscaram reconstruir o nexo entre as desigualdades contemporâneas e a história da região, moldada pelo colonialismo (externo e interno), pela escravidão, bem como, depois de sua abolição, por formas diversas de racismo.[21]

Reconstruir os nexos entre as desigualdades passadas e contemporâneas encontradas na América Latina continua sendo um desafio conceitual complicado. Afinal, as desigualdades persistentes foram assumindo historicamente novas características em função de fatores internos ou externos, como a incorporação recente de direitos coletivos multiculturais ao arcabouço da cidadania na região, ou o grau cambiante de integração entre economias locais e globais. Jairo Baquero Melo[22] usa a metáfora geológica "desigualdades em camadas" (*layered inequalities*) para buscar responder, ao menos no plano conceitual, a essa dificuldade de mostrar como se inter-relacionam desigualdades passadas e presentes. De acordo com esse conceito, as desigualdades que emergiram em uma certa época histórica são superpostas por novas disparidades sociais, mas não substituídas, isto é, não desaparecem.

Outra maneira de equacionar o fato de que as desigualdades persistem, mas também variam ao longo da história, é recorrer à ideia de regimes de desigualdades.[23] No âmbito teórico, o conceito de regime usado na pesquisa sobre desigualdades combina a referência a uma unidade analítica relacional (isto é, não espacial, como é o caso de um país ou um município) com a perspectiva foucaultiana segundo a qual um regime sempre implica assimetrias de poder e controle social.[24] Em pesquisa anterior, aplicamos essa abordagem ao estudo das desigualdades que afetam afrodescendentes no Brasil, Colômbia e Equador. A despeito das especificidades de cada caso, identificamos quatro regimes de desigualdade comuns aos três países: escravidão (até o século XIX), nacionalismo racista (do final do século XIX até as primeiras décadas do século XX), nacionalismo mestiço (dos anos 1930 aos anos 1980) e regime multicultural neoliberal (a partir dos anos 1980).[25]

A transição de um regime histórico de desigualdade a outro não implica um completo desaparecimento das desigualdades criadas em um regime anterior. Assim, por exemplo, os discursos racistas que apareceram durante a escravidão foram reforçados ao final do século XIX com a propagação do racismo científico na América Latina. Embalados em novas imagens — atualmente, a ênfase é posta mais na dimensão cultural que na inferioridade biológica dos grupos discursivamente inferiorizados —, esses discursos racistas subsistiram até ao nacionalismo que festejava a mestiçagem e estão presentes ainda hoje, no âmbito do atual regime de desigualdade caracterizado por políticas compensatórias em favor das populações afrodescendentes nos três países estudados.

Desigualdades onde?

Enquanto, tradicionalmente, desigualdades foram estudadas no âmbito local ou nacional, novas abordagens buscam ampliar o espectro da investigação, de modo a capturar as interdependências transnacionais e globais que moldam as estruturas de desigualdade locais e nacionais. Nesse campo de debates, duas abordagens vêm se destacando como particularmente influentes: as teorias do sistema-mundo e o transnacionalismo.

As abordagens do sistema-mundo se voltam para o estudo das desigualdades macroestruturais globais vistas de uma perspectiva histórica. Interessa comparar, por exemplo, padrões de desigualdade em diferentes países, em séries históricas, que podem abranger séculos. Pode-se também investigar como mudam as posições na estrutura social global de um migrante que, digamos, sai do Haiti para trabalhar no Canadá.[26]

O trabalho de Timothy Moran e Roberto Korzeniewicz[27] representa um exemplo paradigmático dos desenvolvimentos dos estudos de desigualdade, partindo da ótica do sistema-mundo.

Esses autores distinguem, quanto à distribuição de renda, dois grandes blocos de países: um primeiro grupo de países caracterizados por uma grande disparidade na distribuição de renda, e um segundo grupo de países que mostram apenas pequenas disparidades de renda. Seus estudos mostram que a posição dos países incluídos em cada um desses dois grupos, via de regra, não mudou desde o século XVIII. Fica claro, então, que esses padrões de desigualdade remontam ao período colonial. Em contraste com a literatura até agora hegemônica, os autores demonstram que a persistência de níveis baixos e altos de desigualdade não pode ser explicada só por fatores internos. Em vez disso, o potencial de um país para remediar a desigualdade existente por meio de políticas redistributivas está indissociavelmente ligado à economia global e à política mundial. Portanto, a posição de um país na economia mundial e suas desigualdades internas são conectadas de modo interdependente:

> Os argumentos que apresentamos exigem uma perspectiva alternativa sobre estratificação. Em vez de serem nacionalmente limitados, [...] os arranjos institucionais constituem mecanismos relacionais de regulação, operando dentro dos países e ao mesmo tempo moldando interações e fluxos entre eles.[28]

Já os transnacionalistas[29] se interessam em compreender como, para grupos específicos — por exemplo, transmigrantes ou profissionais transnacionais (executivos, programadores) —, diferentes estruturas sociais nacionais se interconectam, moldando seus horizontes de oportunidades e possibilidades.

Gostaria de me referir brevemente à pesquisa de dois sociólogos alemães, Ludger Pries e Anja Weiss, como exemplares dessa abordagem. Ambos trabalham com desigualdade e migração transnacional. O trabalho empírico de Pries[30] está voltado principalmente para a migração de trabalhadores entre o México e os Estados Unidos. Ele argumenta que a unidade tradicional de referência na pesquisa sobre desigualdade, ou seja, as fronteiras do Estado-nação, não é por si só suficiente para explicar como trabalhadores migrantes são incorporados em estruturas de desigualdade. De fato, a mobilidade social potencial desses migrantes é determinada não apenas dentro do México ou dos Estados Unidos, tomados separadamente, mas se desloca acompanhando seus movimentos migratórios entre diferentes mercados de trabalho nacionais. De acordo com Pries, esses migrantes se movem entre novos espaços plurilocais, onde novas formas de cidadania e acesso a direitos são praticadas e também onde ocorrem mudanças nas condições materiais de vida por meio de remessas e intercâmbio de informações. Por essa razão, a pesquisa sobre desigualdade tem que levar mais a sério os espaços plurilocais e transnacionais:

> Paralelamente a essas unidades de análise — encaixadas como bonecas russas (local, nacional, supranacional e global) —, o plurilocal como unidade de análise para fenômenos como a economia doméstica ou estratégias de educação é de fundamental importância, como no caso de migrantes transnacionais e do espaço social distribuído por diferentes sociedades nacionais.[31]

O trabalho de Anja Weiss[32] se concentra em migrantes qualificados na Alemanha. Diferentemente de Pries, ela não busca uma unidade de referência que ajude a explicar novas biografias transnacionais. O que ela procura são categorias para descrever a posição social de atores além das fronteiras nacionais. Baseando sua análise no conceito de capital de Bourdieu, ela mostra como certos grupos de migrantes detêm capital cultural válido transnacionalmente, de modo que sua posição na sociedade que os recebe é em parte determinada por esse capital acumulado. Em outros casos, méritos que gozam de elevada valorização no país de origem (por exemplo, obter um diploma universitário de uma universidade de elite na Índia) não são, necessariamente, reconhecidos no novo país de residência:

> Argumentei que a autonomia geográfica, social e estrutural em relação ao Estado-nação pode ser um aspecto importante da mobilidade social ascendente no mundo. Um curso de vida migratório pode ser caracterizado por autonomia social. E pode ser definido em termos estruturais como um portfólio de recursos que são reconhecidos e solicitados mundialmente. Um subgrupo específico de migrantes altamente qualificados combina em certa medida ambas as características. Como seu capital cultural é aceito e solicitado transnacionalmente, as barreiras à migração são reduzidas, o que lhes permite se deslocar com poucas restrições em mercados de trabalho globalizados. A maioria dos migrantes está em uma posição menos desejável. A migração resulta em uma depreciação do seu capital, que só tem valor num local específico. Não obstante, os migrantes são capazes de melhorar sua posição social com a mudança espacial.[33]

Acompanhando e ampliando esses novos desenvolvimentos no campo da pesquisa sobre desigualdade, cunhamos, no âmbito de uma rede de pesquisa sobre desigualdades interdependentes na América Latina sediada em Berlim, a desiguALdades.net, o conceito de desigualdades entrelaçadas, que são entendidas como distâncias

> entre posições que indivíduos ou grupos de indivíduos ocupam em um contexto relacionalmente (não espacialmente) determinado. Isso diz respeito a posições econômicas

(definidas por renda, acesso a recursos e assim por diante), bem como a direitos políticos e legais (prestações sociais, poder político etc.). Para entender os nexos diversos a partir dos quais as posições desiguais na estrutura social surgem, é necessário ter unidades relacionais de análise que são dinamicamente definidas no próprio processo de investigação. De maneira semelhante, a interação de categorizações sociais (gênero, raça, classe, etnia etc.) não pode ser articulada ex ante em uma fórmula. Ela só pode ser estudada no respectivo contexto específico.[34]

A abordagem das desigualdades entrelaçadas apresenta também grande afinidade com o interesse mais recente em entender as desigualdades na América Latina a partir de uma perspectiva etnográfica.[35] Ambas as abordagens insistem na constituição histórica e no caráter interseccional das desigualdades sociais e ampliam, assim, o escopo da pesquisa sobre desigualdade para muito além dos indicadores econômicos, a fim de captar o impacto das desigualdades estruturais no cotidiano das pessoas. Isso não acarreta uma divisão dicotômica entre estruturas sociais e vida cotidiana, mas faz exatamente o oposto: ao integrar essas duas dimensões, tais abordagens lançam luz sobre as interconexões entre essas duas dimensões para demonstrar que as interações cotidianas são tanto espaços de construção da desigualdade e de reprodução de estruturas sociais como arenas nas quais as hierarquias sociais são negociadas e transformadas. Volto a esse ponto no capítulo 2.

O quadro 1 busca resumir algumas das principais características das distintas abordagens de estudo das desigualdades comentadas até aqui, de forma a evidenciar as contribuições específicas de cada uma delas.

1. A pesquisa contemporânea sobre desigualdades: abordagens e características

Abordagem Dimensões	Abordagem convencional	Abordagem etnográfica	Abordagem do sistema-mundo	Abordagem transnacional	Desigualdades entrelaçadas
	(exemplo: Luis F. López--Calva e Nora Lustig, 2010)	(exemplo: Margit Ystanes e Iselin A. Strønen, 2017)	(exemplo: Roberto P. Korzeniewicz e Timothy P. Moran, 2009)	(exemplo: Thomas Faist, Ludger Pries e Anja Weiss, 2016)	(exemplo: Elizabeth Jelin, Renata C. Motta e Sérgio Costa, 2020)
Unidade de análise ou observação	Nacional	Local	Regiões mundiais: centro, periferia, semiperiferia	Espaços transnacionais/plurilocais	Contextos relacionais: regimes e configurações de desigualdade
Desigualdades consideradas	Renda	Riqueza, poder, interações, formas de vida	Renda, poder	Renda, poder	Riqueza, poder, desigualdades socioecológicas
Eixos de desigualdade	Estratos de renda (decil, quintil etc.)	Classe, raça, gênero, etnicidade, redes sociais	Classe	Classe, nacionalidade, redes sociais	Interdependências entre diversos eixos de desigualdade
Temporalidade	Sincrônica	Sincrônica/diacrônica	Diacrônica	Sincrônica	Sincrônica/diacrônica

Elaboração do autor.

Conclusões

Este breve capítulo buscou oferecer uma definição ampla do que são desigualdades sociais levando em conta os avanços recentes da pesquisa sobre desigualdade. O objetivo não era naturalmente apresentar um mapeamento exaustivo das linhas de pesquisa recentes, mas sim destacar aspectos que serão relevantes para a análise dos movimentos nas hierarquias sociais observadas no Brasil recentemente. Somados às discussões que serão desenvolvidas nos capítulos 2 e 3, os argumentos desenvolvidos neste primeiro capítulo constituem uma certa maneira de analisar as desigualdades sociais a partir de seus múltiplos vínculos com a política e as lutas sociais por justiça.

A hipótese central que acompanha todo o livro é que a abordagem entrelaçada, ao entender as desigualdades sociais como uma relação multidimensional e interseccional, constitui um marco analítico adequado e suficiente para explicar como o Brasil, que desde seus primeiros dias de existência como Estado-nação foi desigual, aliás muito desigual, se tornou também um país dividido, aliás muito dividido.

As quatro perguntas que estruturaram este capítulo (desigualdade de quê, entre quem, quando e onde) serão aprofundadas nos capítulos 2 e 3, ainda que não formuladas necessariamente nos mesmos termos. Assim, o capítulo 2 revisita as múltiplas dimensões da desigualdade (desigualdade de quê), ali tratadas como vetores da desigualdade, e amplia também a discussão sobre o *onde* da desigualdade ao distinguir as várias esferas sociais nas quais as desigualdades se expressam. Introduz ainda uma pergunta nova, o *como* da desigualdade, ou seja, os diversos mecanismos de reprodução da desigualdade. O capítulo 3, por sua vez, discute como desigualdades, diferenças e escolhas políticas se articulam.

2.
Vetores, esferas e mecanismos da desigualdade

O capítulo I tratou de maneira abstrata as distintas dimensões e aspectos a considerar na investigação das desigualdades a partir da abordagem entrelaçada. Este capítulo e o seguinte, ainda que sejam de natureza mais propriamente teórica, visam ir depreendendo dos debates teóricos chaves analíticas para buscar explicar como sociedades desiguais se constituem e se sustentam. Ao mesmo tempo, este capítulo e o próximo procuram calibrar teorias e abordagens, boa parte delas desenvolvida originalmente na Europa e nos Estados Unidos, ao contexto latino-americano e particularmente brasileiro.

Assim, com base no conhecimento legado pela sólida tradição de pesquisa sobre as variadas facetas da desigualdade social no Brasil, desde autores clássicos como Florestan Fernandes[1] e Heleieth Saffioti[2] até autores contemporâneos como Lena Lavinas,[3] Marcelo Medeiros, Pedro Souza e Fábio Avila de Castro,[4] Maria Celi Scalon[5] e Marcelo Paixão,[6] para citar apenas uns poucos nomes da vasta lista de estudiosos consagrados do tema no país, é possível ajustar e adaptar os postulados analítico-teóricos reconstruídos acima, formulados a partir da observação de outros contextos empíricos, de sorte a desenvolver uma matriz compatível com a análise do caso brasileiro. Seguindo esse procedimento, são identificados a seguir os vetores, esferas e mecanismos associados à produção e à reprodução das desigualdades no Brasil.

Vetores

Vetores da desigualdade, em analogia com um campo de forças da física, dizem respeito aos distintos componentes cuja resultante é a posição específica ocupada por um indivíduo ou grupo na estrutura social. Podem ser decompostos como se segue:

1. Riqueza material: Incluem-se aqui patrimônio, meios de produção, rendimentos e outros ativos que, conforme elaborou Kreckel,[7] podem ser convertidos ou ao menos expressos em dinheiro.

2. Posições ocupadas em organizações hierárquicas e espaços valorizados socialmente: O impacto sobre as desigualdades sociais das posições ocupadas por indivíduos em organizações do mundo do trabalho ou de outras esferas da vida social, as quais, seguindo a "ideologia meritocrática",[8] estão vinculadas a diferentes níveis de prestígio, poder e compensação, já está bastante estudado e conhecido.[9] Cabe, contudo, no caso brasileiro, ampliar o alcance desse vetor para que possa abranger espaços sociais organizados hierarquicamente, mesmo que não configurem uma organização. Trata-se aqui de espaços de lazer (clubes recreativos, casas de shows etc.) ou mesmo de compras e prestação de serviços (shopping centers, aeroportos) nos quais vigoram critérios discricionários (econômicos ou informais) de acesso.[10] Frequentar esses espaços conforma uma dimensão importante da experiência de classe no Brasil.[11] Por decorrência, impedir o acesso de novos aspirantes a tais espaços representa uma forma particular de reprodução da posição de classe.

3. Lugares epistemológicos: Trata-se de categoria ampla que expressa, conforme mostrou Kreckel,[12] a detenção de capacitações valorizadas e requeridas no capitalismo contemporâneo. De maneira ampla, o equivalente geral correspondente a esse vetor são os diplomas e títulos. Contudo, é preciso ter em conta que, no caso brasileiro, diplomas e anos

de escolaridade não representam equivalentes gerais com consequências imediatas para a mobilidade social. A forte heterogeneidade da qualidade da educação recebida pelos diferentes estratos e classes sociais funciona, na maioria das vezes, como instrumento de reprodução das desigualdades, fazendo com que a escolaridade mais valorizada socialmente recebida pelos mais ricos permita a estes garantir suas altas posições nas hierarquias sociais.[13] Além das diferenças relativas à qualidade da escolaridade, as hierarquias epistemológicas comportam outra dimensão ainda mais aguda e profunda, ou seja, a dimensão que se refere, nos termos de Michel Foucault, "ao 'aparato' que torna possível a distinção não entre o falso e o verdadeiro, mas entre aquilo que pode ser caracterizado como sendo científico ou não".[14] Parafraseando essa definição, podemos nos referir ao vetor epistemológico das desigualdades como resultado do poder desigualmente distribuído de influenciar os processos que distinguem não o falso do verdadeiro, mas o conhecimento reconhecido como válido e valioso do conhecimento considerado trivial ou supérfluo.

4. Direitos existenciais: Este vetor se refere ao que Therborn denomina desigualdade existencial, qual seja, a "alocação desigual da realização pessoal, isto é, da autonomia, da dignidade, dos graus de liberdade e dos direitos de respeito e autodesenvolvimento".[15] No caso brasileiro, a porcentagem significativa da população economicamente ativa alocada no setor informal, sem nenhuma garantia trabalhista, a violação sistemática dos direitos civis de parte da população por agentes estatais e privados e o acesso muito desigual à justiça obrigam a tratar as hierarquias existenciais como uma dimensão própria e fundamental das desigualdades existentes no Brasil.

5. Exposição a riscos manufaturados: Este vetor diz respeito ao grau de exposição e à capacidade de proteção contra riscos gerados pela própria ação humana sobre o ambiente. Dado que

tanto o acesso a um meio ambiente saudável quanto a exposição a riscos e a capacidade de se proteger deles são distribuídos de forma muito assimétrica entre indivíduos ou grupos, autores se referem, nesses casos, como mostrei no capítulo 1, a desigualdades ecológicas.[16] No caso brasileiro, a expansão da produção de commodities e das atividades de mineração criou e vem criando novos riscos e danos ambientais para a população rural, enquanto o drástico aumento do número de automóveis e motocicletas em circulação nas cidades deteriorou a qualidade de vida urbana, afetando de maneira muito desigual os diferentes grupos sociais.

Pode-se afirmar que as posições ocupadas nas hierarquias relativas à posse ou ao acesso a cada um dos cinco recursos listados acima definem, em linhas gerais, as classes e estratos na estrutura social brasileira, como também grupos razoavelmente nítidos, organizados a partir de categorias etnorraciais e de gênero. Essa afirmação não implica uma completa superposição dos estratos que decorrem dos cinco vetores. Não obstante, a tendência à convergência destes é inegável, de sorte a definir um sistema vertical de estruturação da sociedade razoavelmente consistente no que diz respeito às diferentes dimensões das desigualdades. Assim, os estratos com menos recursos materiais são os que ocupam as posições mais inferiores nas organizações e espaços sociais particularmente hierárquicos. São também os mais afetados pelos riscos manufaturados e os que detêm menos conhecimento considerado válido e valioso e também os que veem seus direitos existenciais menos protegidos.

Esferas da desigualdade

Desigualdades, sejam elas nacionais ou globais, referem-se a distâncias entre indivíduos ou entre grupos, não são só persistentes ao longo do tempo. Desigualdades são também ubíquas, isto é, perpassam e moldam todas as esferas da vida social de um país, como também as relações entre sociedades nacionais distintas. Não obstante, ainda que ubíqua, a força determinante das desigualdades para moldar as relações sociais não é homogênea. Isto é, distâncias sociais em termos de classe, gênero, raça etc. produzem impactos muito diversos quando se trata das relações cotidianas ou das relações no âmbito do mercado, do Estado ou das instituições. O estudo da desigualdade em cada uma dessas esferas envolve também métodos e até, muitas vezes, disciplinas diferentes.

Para a reflexão desenvolvida neste livro, dada sua ênfase no caráter relacional e interdependente das desigualdades sociais, quatro esferas sociais são particularmente relevantes para serem consideradas, a saber: i) mercado, ii) direito e políticas públicas, iii) discursos, iv) convivialidade ou interações cotidianas.[17]

1. Mercado: Os padrões de apropriação e uso dos recursos naturais e de bens materiais como meios de produção, ativos de forma geral, propriedades, bem como os termos de troca no âmbito da economia, os quais definem os níveis de remuneração do capital e do trabalho, geram distâncias sociais que podem ser mantidas, mitigadas ou aprofundadas nas demais esferas. Trata-se aqui do âmbito do que sociólogos e economistas chamam de distribuição primária, isto é, a maneira como as desigualdades se manifestariam caso não houvesse as demais esferas sociais nas quais as distâncias sociais são negociadas.[18]

2. Direito e políticas públicas: Desigualdades sociais, considerando-se os distintos vetores discutidos acima, são reconfiguradas no âmbito do direito e da implementação de políticas públicas. Assim, nos diferentes níveis de governo, a política tributária, as políticas sociais, os investimentos diretos ou ainda as políticas de fomento e incentivo ao investimento têm o poder de remodelar as desigualdades e hierarquias sociais, aproximando ou fazendo aumentar as distâncias entre pobres

e ricos, negros e brancos, mulheres e homens etc. Quando um governo cria, por exemplo, instrumentos como cotas sociais e raciais de admissão ao serviço público ou a universidades públicas, modifica-se a distribuição de poder na sociedade em favor de grupos minoritários. Quando decide, ao contrário, congelar o salário mínimo ou reduzir direitos trabalhistas, atua em favor de dar maior poder e renda aos patrões e aos mais ricos, reduzindo proporcionalmente o poder e a renda dos trabalhadores. A ação do Estado sobre a desigualdade pode se dar também pela omissão, isto é, pela decisão de não intervir, quando, por exemplo, evita criar um imposto sobre grandes fortunas ou decide não taxar os ganhos de capital. Nesse caso, o Estado favorece a concentração de riqueza no topo da pirâmide social. O direito atua de forma similar quando, por exemplo, independentemente da existência ou não de leis específicas, não opera no sentido de coibir a discriminação de gênero ou racial ou até contribui ativamente para estabilizar, através de garantias legais, relações laborais ou pessoais assimétricas, como casamentos com direitos desiguais para os parceiros ou mesmo situações de trabalho forçado.[19]

3. Discursos: A alusão a discurso como âmbito ou esfera da desigualdade parte de uma definição de discurso que vai além da constatação de que diferentes indivíduos e grupos sociais detêm poder discursivo muito diverso, conforme dominem mais ou menos os códigos de comunicação vigentes ou detenham mais ou menos instrumentos de difusão de seus interesses e valores. Refere-se aqui, na verdade, a discurso no sentido de formação discursiva[20] ou regimes de representação, como preferia Stuart Hall.[21] Seguindo essa tradição, não cabe discutir se discursos dominantes produzem representações mais ou menos falseadas do mundo. Mais adequado é estudar o contexto em que os discursos são produzidos e validados, ou seja, o "regime de verdade" dentro do qual determinado discurso

adquire significação, se constitui como plausível e assume eficácia prática para manter e ampliar as desigualdades existentes ou, ao contrário, para articular as lutas por mais igualdade. Os regimes de verdade ou representação são dinâmicos, isto é, mudam ao longo do tempo. Assim, grupos construídos, num momento, como inferiores para justificar a atribuição a eles de menos direitos ou menos recursos podem, em outro momento, ser reconstruídos como iguais e mesmo como merecedores de direitos especiais para compensar desvantagens estruturais e/ou históricas.

4. Interações cotidianas (convivialidade): A expressão *conviviality* foi introduzida no vocabulário das ciências sociais pelo filósofo e teólogo Ivan Illich, na ocasião em que dirigia um centro ecumênico em Cuernavaca, México, para designar "a interação autônoma e criativa entre pessoas, bem como a interação entre pessoas e o meio ambiente".[22] A expressão foi retomada nos debates sobre a coexistência intercultural na Europa nos anos 2000[23] e no âmbito de programas que buscam formas mais sustentáveis de vida.[24] O uso do conceito na pesquisa sobre desigualdades é mais recente e busca fazer jus ao lugar das interações cotidianas entre pessoas e entre estas e o meio ambiente para configurar a desigualdade social. Como desenvolvido alhures,[25] convivialidade, entendida como a dimensão interacional das relações sociais (o que envolve necessariamente as relações entre pessoas e o meio ambiente), e desigualdades se constituem mutuamente.[26] O que se quer dizer é que, por um lado, as relações sociais existentes são moldadas pelas desigualdades estruturais. Ao mesmo tempo, é no âmbito das relações cotidianas que desigualdades estruturais tomam a forma concreta da experiência de modos de vida distintos, fazendo com que desigualdades estruturais de natureza similar possam ser vivenciadas de maneiras muito distintas nos diversos contextos locais.[27] O nexo entre posições

estruturais e comportamentos cotidianos é recorrentemente discutido na sociologia e na antropologia brasileiras a partir da recepção e aplicação das categorias capital cultural e habitus desenvolvidas na sociologia da distinção de Pierre Bourdieu.[28] Particularmente disseminado é o uso de Bourdieu para estudar as "novas classes médias". Não é minha intenção aqui desqualificar, no atacado, o grande número de estudos relevantes que seguem essa abordagem. Não obstante, não há como ignorar que há um uso exagerado e muitas vezes sem mediações das categorias desenvolvidas por Pierre Bourdieu para estudar o Brasil contemporâneo, uma época e uma sociedade muito diferentes daquelas observadas pelo autor francês. As situações de classe dos estratos médios hoje no Brasil são muito heterogêneas e interpenetradas por relações raciais, de etnicidade e gênero, aspectos que não foram — nem poderiam ter sido — contemplados na teoria original de Bourdieu. Têm plena razão Charles Klein, Sean Mitchell e Benjamin Junge quando criticam a aplicação dos axiomas da teoria da práxis de Bourdieu para estudar, no Brasil, "classes médias emergentes", cujo padrão de comportamento "não é meramente uma emulação do comportamento das classes médias existentes [...]".[29]

Mecanismos para lidar com a desigualdade

A reprodução, a ampliação e a redução das desigualdades no âmbito das esferas destacadas acima se dão através de mecanismos que já foram adequadamente estudados e sistematizados na literatura pertinente. Com base na bibliografia disponível e sobretudo nos trabalhos de Göran Therborn, Charles Tilly, Luis Reygadas, Reinhardt Kreckel[30] e de considerações próprias, busca-se identificar a seguir os mecanismos por meio dos quais as desigualdades sociais se mantêm e se alteram ao longo do tempo.

Note-se que os mecanismos a seguir se referem a formas de produção e reprodução das desigualdades em escalas temporais e espaciais muito diversas. Isto é, enumeram-se desde estratégias pessoais ou familiares para preservar, aprofundar ou mitigar desigualdades até mecanismos de larga duração histórica e estratégias adotadas por instituições como Estados nacionais. A intenção é apresentar uma espécie de repertório amplo de mecanismos que ajudem a compreender os deslocamentos recentes observados nas estruturas de desigualdade no Brasil e as reações a eles.

1. Acúmulo prévio (*hoarding*) de recursos para a produção de valor: Desigualdades na posição ocupada nas hierarquias sociais por grupos são explicadas em boa medida pela acumulação precedente de bens e ativos através dos quais podem ser gerados valores, no sentido econômico.[31] Em geral, o direito de herança e os respectivos direitos de propriedade de cada país garantem que esse patrimônio possa ser transferido através de gerações. O exemplo recorrentemente referido na literatura é relacionado com a posse de terra como já se conhece desde os trabalhos de Karl Marx sobre acumulação primitiva e, depois, Rosa Luxemburgo e Karl Polanyi.[32] Não obstante, a ideia de acumulação originária vem sendo expandida no debate recente e apresentada como uma dinâmica constante dentro do capitalismo. Isto é, de acordo com essas interpretações, a geração de lucro sempre implica um processo prévio de apropriação e a garantia legal da propriedade sobre recursos com os quais se pode gerar valor. Isso se aplica a terras, mas também à apropriação, por exemplo, de oportunidades na economia virtual ou nos mercados de telefonia ou saúde privada.[33] As distintas possibilidades dadas a indivíduos ou grupos de se apropriar de recursos para a geração de valor explicam, em boa medida, a reprodução e a persistência dos padrões de desigualdade social existentes. Os efeitos da acumulação prévia de recursos

para a reprodução de desigualdades podem ser mitigados por regulação restritiva do direito de propriedade que impeça a concentração de recursos produtivos e/ou através de medidas tributárias que gravem a propriedade e o lucro, reduzindo seu impacto sobre a distância entre posições individuais e/ou de grupos nas hierarquias sociais. Contudo, os estudos comparativos sobre a desigualdade em diferentes países tomando séries históricas mais longas revelam, como mostrado no capítulo 1, a enorme persistência dos padrões de desigualdade. Isso pode ser explicado, ao menos em parte, pela interação entre cadeias produtivas e redes de poder. Sociedades que foram colônias e/ou se especializaram na exportação de recursos naturais ou de produtos agropecuários tendem a apresentar altos padrões de desigualdade de renda e riqueza. Nesses casos, uma elite demograficamente muito reduzida tende a assumir o controle e os benefícios da exploração e exportação dos recursos naturais. Importa-lhe menos os investimentos produtivos e a expansão do mercado interno, já que não necessita de consumidores com poder de compra no mercado doméstico. Seus ganhos se dão com a exportação. Por decorrência, usa seu peso econômico e político para resistir a qualquer tipo de política tributária redistributiva, como mostra Tamer El Gindi em estudo que compara vários países exportadores de recursos naturais.[34] Esse mecanismo de reprodução das desigualdades pode ser mitigado, sobretudo, através de medidas fiscais, como impostos pesados sobre o capital e a transmissão de herança.

2. Distanciamento: Seguindo a tipologia de mecanismos de distribuição de recursos na sociedade sugerida por Göran Therborn,[35] o distanciamento se refere aos mecanismos estruturais bem como às iniciativas individuais e de grupos para manter ou alargar as distâncias entre as posições sociais.[36] Ainda que, no discurso liberal, o distanciamento seja tratado como conquistas derivadas do mérito individual (*achievements*), as distâncias

sociais encontradas nas sociedades modernas podem ser mais bem explicadas, ainda conforme Therborn, como traços adscritivos refratários à ação individual.[37] Quando se observa, por exemplo, a persistência das desigualdades de acesso à educação e ao mercado de trabalho na América Latina, constata-se que as adscrições étnicas, raciais ou de gênero pré-estruturam, em boa medida, as oportunidades de mobilidade social. Esse mecanismo de reprodução de desigualdades pode ser revertido através de medidas que permitam a ascensão social dos grupos posicionados nos degraus inferiores da escala social, como a oferta de serviços educacionais, de formação profissional etc.

3. Hierarquização: Trata-se aqui de mecanismos formais ou informais que segmentam a posse ou o acesso a recursos materiais e de poder através da criação de privilégios para certos grupos e restrições de acesso a outros. Os instrumentos formais de hierarquização, como a prerrogativa de cela especial para autoridades e réus com diploma de curso superior, até 2023 prevalecente no direito penal brasileiro, tendem a desaparecer das Constituições democráticas contemporâneas. Não obstante, os instrumentos informais que operam no plano das instituições e das relações pessoais continuam funcionando como instrumentos de hierarquização e de reprodução das desigualdades sociais. Um exemplo de hierarquização não formalizada, mas efetiva, das relações de gênero cada vez mais estudado na literatura latino-americana é aquele referente aos arranjos familiares para realização das tarefas domésticas e de cuidado de crianças, idosos etc. Os estudos mostram que a divisão de tarefas nesse âmbito, ao onerar muito mais as mulheres que os homens, prejudica a inserção da mulher no mercado de trabalho remunerado.[38] Pode-se buscar combater esse tipo de mecanismo informal de manutenção das desigualdades a partir de políticas punitivas das práticas de hierarquização ou que incentivem a superação de formas hierárquicas estabelecidas, como, por exemplo,

políticas de família que visam fortalecer o papel dos homens no cuidado da casa e dos filhos.

4. Exclusão: Trata-se dos diferentes instrumentos que impedem o acesso de indivíduos ou grupos a bens e serviços, através do estabelecimento de mecanismos de pertença formal ou informal que bloqueiam a participação de não membros, como opera, por exemplo, o direito de cidadania nacional, que, via de regra, exclui não nacionais do conjunto de direitos políticos e sociais que cabem aos cidadãos nacionais.[39] A estigmatização e a discriminação constituem mecanismos típicos de exclusão que podem operar tanto formal quanto informalmente. No Brasil, estas tendem a operar informalmente no nível das relações sociais, já que, de forma geral, são proibidas por lei. Para o combate à exclusão, usam-se políticas e leis antidiscriminatórias e medidas que visam a ampliação das possibilidades de acesso a bens e posições socialmente valorizados ao conjunto dos membros de uma determinada sociedade, para além das adscrições de classe, gênero ou raça.

5. Exploração: O conceito de exploração usado na pesquisa contemporânea sobre desigualdades é bastante amplo, como se observa no trabalho de Charles Tilly:

> [A exploração] ocorre sempre que pessoas bem relacionadas controlam recursos valiosos dos quais extraem rendimentos através da utilização do esforço de outros, a quem excluem do valor total acrescentado por esse esforço. O "valor" em questão pode, obviamente, ser monetário, mas também pode assumir a forma de poder, deferência, privilégios, serviços, bens ou proteção.[40]

Depreende-se dessa definição que a exploração pode se dar tanto no âmbito das relações interpessoais — quando, por exemplo, famílias exploram empregados domésticos (em geral, mulheres, portanto empregadas domésticas) através do trabalho não ou mal remunerado — como ter caráter estrutural através de instrumentos como tributação regressiva ou monopolização de mercados de compra ou venda de bens e serviços.[41] A exploração pode ser combatida através de legislação pertinente, fiscalização e conscientização das vítimas. No âmbito da economia política marxista, é usual distinguir entre mecanismos de expropriação e exploração, de sorte a caracterizar a exploração entendida como apropriação de parte da mais-valia produzida pelo trabalhador como a forma capitalista de apropriação do excedente por excelência. Contudo, a distinção entre expropriação e exploração parece já não fazer mais sentido no âmbito do capitalismo financeiro ou do capitalismo digital, quando, por exemplo, a poupança de décadas de famílias são apropriadas por bancos através de juros extorsivos ou são corroídas em bolhas imobiliárias.[42] De forma similar, quando oligopólios da economia virtual como Google e Facebook se apropriam e vendem dados privados de seus usuários, ou Airbnb e Uber logram obter lucros exorbitantes com aluguéis e prestação de serviço de motorista sem ter que se apropriar dos respectivos meios de produção, ou seja, os imóveis e os automóveis, a distinção clássica entre expropriação (dos meios de produção ou subsistência) e exploração (de mais-valia) já não faz mais sentido. Essas duas formas de apropriação de renda e riqueza se confundem e são igualmente admitidas pelo arcabouço legal das sociedades contemporâneas.[43]

6. Acesso a associações exclusivas: Este mecanismo de reprodução da desigualdade corresponde à pertença ou associação a grupos (étnicos, de gênero, regionais, profissionais, lobbies etc.) estáveis ou estabelecidos de forma ad hoc, que podem ser criados tanto formal quanto informalmente e garantem vantagens e privilégios a seus membros individuais ou institucionais.[44] Para o estudo do caso brasileiro, cabe destacar a

existência de ao menos dois tipos de associações informais com enorme impacto para as desigualdades existentes: as alianças informais organizadas por gênero e/ou raça que garantem a reprodução das assimetrias em favor dos homens e dos brancos e as associações entre grandes empresas e partidos políticos, ou políticos de forma individual, com o objetivo de transferir, legal ou ilegalmente, recursos do Estado para agentes políticos e econômicos. Através de leis mais rígidas de combate à discriminação e à corrupção, busca-se reduzir a força e a persistência desse mecanismo de reprodução da desigualdade. Também a mobilização social contra o racismo, o sexismo ou a malversação de fundos públicos pode contribuir para reduzir os efeitos mais manifestos das associações exclusivas para a permanência das desigualdades e manutenção de privilégios. Quando essas associações são informais e seus impactos se apresentam de forma difusa nas instituições e no cotidiano, como é frequentemente o caso, é muito difícil combater de maneira adequada seus efeitos sobre a desigualdade.

7. Externalização: O sociólogo alemão Stephan Lessenich, atual diretor do Instituto de Pesquisa Social de Frankfurt, cunhou o termo *Externalisierung* (externalização ou terceirização) para se referir, sobretudo, aos processos globais e transnacionais de transferência dos custos reais do bem-estar das nações mais ricas. Em suas palavras: "Através da externalização de limites é garantida a própria liberdade, através da destruição dos mundos da vida alheios são garantidas as próprias chances de vida e com uma política que onera terceiros, a situação própria é mantida".[45] Lessenich mostra ainda que a prática da externalização revela a ambivalência da solidariedade nos Estados de bem-estar do Norte Global. Internamente, a solidariedade institucionalizada nos regimes de bem-estar garante a redução das desigualdades sociais entre os membros de um Estado-nação determinado. Visto no contexto global, contudo,

cada Estado de bem-estar representa uma "maquinaria de dessolidarização, isto é, de imposição de limites à solidariedade",[46] na medida em que restringe a distribuição de bem-estar entre seus membros e externaliza os custos desse bem-estar para outras sociedades. A discussão contemporânea sobre externalização tem sido observada sobretudo no campo das negociações ambientais e climáticas, na medida em que os países europeus vêm buscando reduzir suas próprias pegadas de carbono através da transferência de atividades que produzem maiores emissões para outras regiões do mundo. Além de inócua num cenário em que a anunciada catástrofe climática apresenta dimensão planetária, essa estratégia reproduz as desigualdades ambientais globais, aumentando a exposição da população das regiões mais pobres a maiores riscos manufaturados. De qualquer modo, a externalização, se entendida como mecanismo de reprodução de desigualdades, pode ser estendida a outros domínios e escalas, como é no caso de externalização das tarefas de cuidado de idosos, crianças ou da própria casa a pessoas ocupadas em regimes precários de trabalho.

8. Performance corporal: A importância da performance corporal, no sentido de apresentar e representar no corpo, para a produção e reprodução da desigualdade tem sido muito pouco ou nada estudada. Parece muito óbvio, contudo, que a performance corporal é elemento fundamental de reprodução das posições de classe (mas também de gênero, raça, sexualidade etc.). Trata-se de posicionar-se, nas situações cotidianas, através da presença física, material ou digital, o que implica um conjunto de práticas corporais (vestimentas, adereços, postura corporal etc.), culturais e sociais que tornam visível e validam a situação de classe, de gênero, de raça etc., tornando-a reconhecível e reconhecida tanto pelos membros do próprio grupo quanto por membros de outros grupos e classes.[47] De sorte a simplificar muito um debate difícil e complexo, pode-se distinguir práticas

de corporificação que afirmam e confirmam as desigualdades existentes e práticas que explicitamente desafiam e confrontam as hierarquias vigentes. Entre as primeiras práticas se incluem tanto rituais internos (festas e viagens em família, formas compartilhadas de lazer, rumores e fofoca etc.) quanto mecanismos de demarcação de fronteiras com relação a outros grupos e classes. No caso das classes médias, por exemplo, esses mecanismos externos tendem a enfatizar a admiração subserviente dos mais ricos e os rituais de enquadramento e humilhação dos mais pobres.[48] Esses rituais de exercício da dominação se aplicam, a seu modo, também ao exercício da dominação de gênero, etnorracial ou mesmo no âmbito das hierarquias regionais. Também aqui rituais internos (por exemplo, piadas machistas, racistas, homofóbicas, transfóbicas) entre homens, brancos, heterossexuais, pessoas provenientes de regiões mais "desenvolvidas" se prestam a confirmar o estatuto da suposta superioridade que depois é exercida, através de ironias, insultos e agressões, com relação a mulheres, negros, não héteros etc.

As práticas performáticas de resistência às hierarquias, por sua vez, seguem direção oposta. Buscam fortalecer a capacidade de resistência e reação à opressão e às situações de injustiça e desigualdade. Entre movimentos feministas, LGBT ou mesmo antirracistas, essas práticas são caracterizadas como expor pública e ostensivamente o corpo negado e oprimido, colocar o corpo em cena, *"poner el cuerpo"*, conforme expressão estabelecida entre movimentos sociais em diferentes países latino-americanos e também incorporada à bibliografia especializada.[49]

Ao referir-me a práticas corporais como mecanismos para lidar com desigualdades, alinho-me à interpretação pós-estruturalista de autores como Paul Gilroy e Judith Butler e sua ênfase na dimensão performativa da corporalidade.[50] Nesse sentido, trata-se aqui de ver o corpo não apenas em sua dimensão física e oticamente perceptível (cor, forma, textura), mas a partir de seus movimentos. Corpos se tornam, assim, signos cujos significados variam profundamente ao longo do tempo e de acordo com as situações específicas em que se apresentam. Conforme Butler, trata-se de uma abordagem

> em que o corpo não é entendido como um fato estático e consumado, mas como um processo de amadurecimento, um modo de devir que, ao se tornar de outro modo, excede a norma, reformula a norma e nos faz ver como as realidades em que pensávamos estar congelados não estão inscritas em pedra.[51]

Decorre dessa interpretação que, ainda que a materialidade do corpo (sempre sujeita à decodificação social), a força das normas e a posição ocupada nas hierarquias sociais condicionem o escopo das negociações e mediações possíveis numa dada relação, é no âmbito das interações sociais concretas que a situação de classe, gênero ou raça é negociada e validada.

É evidente que os processos de colocar o corpo são necessariamente momentos interseccionais, nos quais origem regional, etnicidade e raça,[52] gênero e sexualidade[53] e até religiosidade[54] aparecem inseparavelmente vinculados às marcas propriamente de classe. [55]

Quando se observa a operação desses distintos mecanismos no processo de reprodução de desigualdades sociais na América Latina, verifica-se que a importância de cada um deles vai se modificando ao longo da história, conforme sumariza Luis Reygadas:

> Nas suas versões mais simplificadas, espera-se que, com a eliminação de todos os tipos de discriminação, as desigualdades sejam significativamente reduzidas. Mas a reprodução das assimetrias na América Latina não opera exclusiva

ou primordialmente através da exploração de classe e das relações de discriminação direta. Estas foram muito notórias no passado e continuam a ser fundamentais, mas, ao longo da história, foram se cristalizando na distribuição desigual da terra, da propriedade, do acesso aos recursos, das oportunidades educacionais e das competências.[56]

Certamente, a observação de caráter geral de Reygadas necessita ser averiguada e documentada em cada caso e contexto particular. Ainda assim, em sua generalidade, indica tendências importantes que, de algum modo, contrariam a percepção geral de que a discriminação é o principal instrumento de reprodução de desigualdades. Cabe, contudo, fazer uma ressalva importante, ao menos para o caso brasileiro, à constatação de Reygadas no que diz respeito à perda de importância da exploração de classe para a conformação das desigualdades sociais. Em segmentos importantes do mercado de trabalho no Brasil, a exploração, muitas vezes fora dos limites da lei ou localizada nas brechas legais, continua funcionando como mecanismo importante de produção e reprodução das desigualdades de classe, gênero e raça, e se agrava particularmente em períodos de crise, como durante a crise sanitária e econômica gerada pela pandemia de covid-19.[57]

Conclusões

O presente capítulo buscou alcançar dois objetivos complementares. O primeiro foi reunir de forma sistemática o conhecimento acumulado na pesquisa sobre desigualdade e que se encontra disperso em diferentes disciplinas e subdisciplinas no que se refere aos vetores, esferas e mecanismos para lidar com a desigualdade. O segundo objetivo foi buscar calibrar as considerações genéricas da investigação sobre desigualdade com resultados das pesquisas sobre desigualdade relativas à América Latina e particularmente ao Brasil. Assim, foi possível identificar novos vetores e novos mecanismos para lidar com as desigualdades ainda pouco explorados nos trabalhos sobre desigualdade de cunho mais conceitual e teórico. Ao mesmo tempo, a identificação desses vetores, esferas e mecanismos aporta as ferramentas analíticas, ou seja, as categorias de análise com as quais serão investigados, nos capítulos 4 e 5, os deslocamentos recentes nas estruturas de desigualdade no Brasil.

Antes, contudo, de passar à análise do caso brasileiro, falta ainda uma peça teórico-analítica fundamental para a consecução dos propósitos deste livro. Até aqui tratou-se de desigualdades sociais: o que são, onde operam, como operam. Falta desenvolver, do ponto de vista teórico e analítico, os vínculos entre desigualdades e divisões políticas. É essa lacuna que o capítulo seguinte procura fechar — espera-se que de modo original e convincente.

3.
Desigualdades, diferenças e escolhas políticas

Entre as muitas questões difíceis enfrentadas pela sociologia em sua tarefa de analisar os processos sociais, partindo simultaneamente de suas dimensões objetivas (estruturas, instituições, contextos) e subjetivas (percepções, emoções, construção de sentidos), há dois assuntos particularmente espinhosos que ocupam a imaginação da disciplina desde seus primórdios. Trata-se, em primeiro lugar, de discutir a conexão entre posições na estrutura social e escolhas políticas. Essa é uma questão ao mesmo tempo clássica e de extrema relevância nos dias atuais. A busca de resposta para ela remonta aos pais fundadores da disciplina, em especial, Karl Marx e Max Weber. Com efeito, os dois autores alemães já haviam buscado respostas para essa questão, chegando a resultados diversos. Mutatis mutandis, essa discordância entre os clássicos está presente em discussões atuais, por exemplo, sobre o papel das classes médias na política contemporânea.

A segunda questão espinhosa e afim à primeira diz respeito aos nexos entre desigualdade e diferença, tema já esboçado tanto na conhecida resenha de Karl Marx sobre a questão judaica quanto nas reflexões de Max Weber sobre as bases étnicas da vida comunitária.[1] O texto de Weber é menos conhecido, mas não menos relevante, já que nele o autor mostra como identidades e diferenças relativas a raça, povo, etnia e nacionalidade são construídas politicamente, opondo-se, assim, às visões românticas e essencialistas que vigoravam em sua época.

Hoje, essas discussões continuam relevantes. De certo modo, ganharam nova atualidade diante da diversificação sem precedentes das lutas contemporâneas por justiça e a institucionalização de políticas públicas apoiadas em critérios de pertença baseados em definições identitárias, sejam elas autoatribuídas ou adscritas.

Essas duas questões, isto é, os nexos entre posições de classe e escolhas políticas, de um lado, e entre desigualdade social e diferença, de outro, aparecem via de regra apartadas nos debates contemporâneos, sendo discutidas até em campos disciplinares diversos. O presente capítulo busca juntá-las, não só porque são complementares, mas porque a resposta oferecida a ambas vem de um mesmo conceito, a saber, articulação. Isto é, as maneiras como posições na estrutura social se correlacionam tanto com a reivindicação pelo reconhecimento de diferenças quanto com escolhas políticas (mais à direita ou mais à esquerda do espectro político) são explicadas como articulação contingente e cambiante. Trata-se em ambos os casos da conexão entre o que busco caracterizar como *situação interseccional*, entendida como a posição mais ou menos objetiva das pessoas ou grupos nas hierarquias sociais, e *escolhas culturais e políticas*, ou seja, as decodificações subjetivas (individuais ou coletivas) das posições estruturais. A expressão "escolhas culturais e políticas" é usada aqui por falta de melhor alternativa. Ela não deve remeter ao individualismo metodológico e às teorias da escolha racional que atribuem tais escolhas a preferências pré-políticas. Como vou mostrar, essas escolhas pertencem à órbita da política.[2]

O capítulo se inicia com a discussão das correlações entre posição de classe e escolhas políticas, de sorte a fundamentar o argumento em favor de ampliar o debate para que seja considerada não apenas a situação de classe, mas a situação interseccional. Em seguida, trato do debate sobre desigualdade e diferença, passando em breve revista algumas das abordagens que dominam essas discussões desde finais dos anos 1990. Por fim, nas conclusões, busco fundir os debates sobre posições interseccionais e escolhas políticas, de um lado, e desigualdade e diferença, de outro, de sorte a estabelecer um marco analítico para estudar, nos próximos capítulos, transformações recentes observadas no Brasil.

Classes sociais e escolhas políticas

O conceito de classes sociais nasce juntamente com a própria sociologia e, na verdade, nunca saiu completamente da agenda de investigações dos sociólogos. Não obstante, em momentos diversos da história recente da disciplina, a análise de classes se tornou tema excêntrico e aparentemente ultrapassado, ao qual só se apegavam marxistas mais empedernidos. Assim se deu, por exemplo, nos anos 1960, quando o então influente sociólogo alemão Helmut Schelsky declarou o primado da *"nivellierte Mittelstandsgesellschaft"*, isto é, a generalização das sociedades de classe média.[3] O mesmo se deu nos anos 1980 e 1990, quando a sociologia europeia, depois da morte do estadunidense Talcott Parsons, retoma o protagonismo na produção teórica da disciplina no Norte Global. Tanto no Reino Unido, com a ascensão de Anthony Giddens, quanto na Alemanha, por meio da obra de Jürgen Habermas, Niklas Luhmann e Ulrich Beck, a diferenciação social e a radicalização dos processos de individualização, no contexto de vigência de regimes de bem-estar, se tornou o núcleo da agenda de investigação da sociologia nesse período.[4] É verdade que, na França, a influente teoria de campos e capitais de Pierre Bourdieu[5] recupera nesse período a importância das classes. Todavia, transforma-as num objeto mais da sociologia da cultura que de análise da estrutura social.

A hegemonia internacional da teoria social europeia fez com que, nesse período, mesmo em países extremamente desiguais e com larga tradição nas análises de classes, como é o caso de praticamente todos os países latino-americanos, as classes passassem a um plano secundário de interesse.[6]

Nos últimos anos, a redescoberta política e acadêmica das desigualdades sociais fez o conceito de classe voltar ao centro da agenda da sociologia. Nesse contexto, ganharam também atualidade trabalhos de autoras e autores que, desde os anos 1970, vinham buscando chamar a atenção para a importância da análise de classes.

Reconciliando Marx e Weber

Durante a segunda metade do século XX, os estudos sobre estratificação social fundamentados teoricamente no funcionalismo conquistaram a hegemonia no campo dos estudos sociológicos, ao menos no mundo anglo-saxão, sobre desigualdade social. De acordo com essa perspectiva, a desigualdade é funcional e necessária para as sociedades, na medida em que aqueles que desenvolvem atividades socialmente mais relevantes e/ou que apresentam um nível mais elevado de "formação ou talento" devem ser recompensados com mais recursos.[7] Ainda que tenham em comum o fato de se oporem frontalmente à leitura funcionalista, as pesquisas sobre desigualdade que seguem, respectivamente, a tradição weberiana e a tradição marxista se desenvolveram no pós-guerra de maneira independente e só em tempos mais recentes os esforços de juntar essas duas tradições ganharam visibilidade e expressão acadêmica mais consideráveis.

As abordagens marxistas, em suas diversas variantes, apresentam como premissas comuns ao menos dois elementos: i) Definem a relação capital/trabalho como estruturante das classes sociais. Os que possuem os meios de produção constituem a classe proprietária ou dominante e os que vendem sua força de trabalho formam a classe trabalhadora ou dominada; ii) Estabelecem um vínculo lógico necessário entre pertença estrutural de classe e escolhas culturais e políticas. O que quer dizer que, se a classe trabalhadora não apresenta o comportamento cultural e político que lhe cabe por força da inserção estrutural, isso se deve a desvios ideológicos.[8]

As abordagens que partem de Max Weber apresentam em comum com os marxistas o fato de afirmarem que as classes sociais constituem um princípio conformador da estrutura social das sociedades modernas.[9] Discordam deles, contudo, ao questionar o suposto vínculo necessário entre a classe, entendida como *situação de classe* (*Klassenlage*), isto é, como a inserção material na estrutura social, e formas de ação e comportamento, seja no plano cultural, seja no plano político. Portanto, a tradição weberiana nega qualquer determinismo político ou cultural que decorra da situação ou posição de classe. Nos dizeres do próprio Weber, pessoas que pertencem a uma mesma classe podem até agir politicamente, em circunstâncias determinadas, em favor de seus objetivos afins como uma comunidade de interesses, "mas não tem que ser assim; de qualquer forma classe não é uma comunidade [*Gemeinschaft*] e tratar classes conceitualmente como sinônimo de comunidades leva a distorções".[10] Por outro lado, na medida em que classe é definida pelo compartilhamento por um grupo de pessoas de um "fator determinante específico de suas chances vitais",[11] ou seja, o lugar ocupado nas hierarquias de distribuição de renda e riqueza, e não mais exclusivamente pela propriedade ou não de meios de produção, as posições existentes na estrutura social se multiplicam para além das classes proprietária e trabalhadora, conforme concebido no marxismo.

Além disso, como mostra Frank Parkin,[12] há um outro fator que, conforme as interpretações neoweberianas, justifica a identificação de posições na estrutura social que vão além da dualidade proprietários/trabalhadores. Trata-se das estratégias de fechamento social na formação das classes. Como mostra Parkin, Weber entende por fechamento social

> o processo pelo qual as coletividades sociais procuram maximizar as recompensas, restringindo o acesso a recompensas e oportunidades a um círculo limitado de elegíveis. Isso implica a seleção de certos atributos sociais ou físicos identificáveis como base de justificação da exclusão.[13]

Na medida em que as estratégias de fechamento social vão se diversificando para além da luta pela detenção dos meios de produção, ampliam-se também as posições de classe existentes. Note-se que, nesse raciocínio, a distinção entre estratos e classes já não é mais relevante. Isto é, desde que se utilizem classe ou estratos como categorias que definem posições abrangentes na estrutura social com suas respectivas estratégias de fechamento social e não apenas como grupos de renda, como fazem os estudos de estratificação funcionalistas, é indiferente, do ponto de vista analítico, se nos referirmos a classes ou a estratos.

Os vínculos entre assimetrias políticas e desigualdades sociais, na linhagem inaugurada por Weber, têm continuidade no trabalho de Norbert Elias. Particularmente sugestivo é o modelo da figuração estabelecido-outsider desenvolvido por Elias e John L. Scotson[14] a partir do estudo dos processos de discriminação e estigmatização de novos moradores observados numa pequena cidade suburbana inglesa, que na pesquisa recebeu o nome de Winston Parva. Conforme mostram os dois autores, nessa figuração, isto é, nessa teia de relações de interdependência, os moradores já estabelecidos no local, usando de todos os meios possíveis — da difamação à construção de barreiras de acesso —, buscam alijar os recém-chegados dos espaços sociais e bens públicos e simbólicos disponíveis na comunidade. Relevantes para as práticas de exclusão no âmbito dessa figuração não eram, conforme os autores, marcas culturais ou físicas que diferissem o grupo estabelecido do grupo outsider, mas as assimetrias de poder que permitiam ao grupo estabelecido significar traços aparentes, de sorte que as marcas autoadscritas eram decodificadas como símbolos de superioridade e instrumentos de legitimação de vantagens e privilégios. Aos outsiders, por oposição, eram atribuídas marcas de inferioridade que legitimavam seu alijamento do acesso a bens e espaços socialmente valorizados. Ipsis verbis:

> Assim, encontramos nessa pequena comunidade o que parecia ser uma regularidade universal de qualquer figuração estabelecidos-outsiders: o grupo estabelecido atribuía a seus membros características humanas superiores; excluía todos os integrantes do outro grupo do contato social não funcional com seus próprios membros. O tabu de tais contatos era mantido vivo por meio de controle social, isto é, através de menções elogiosas aos estabelecidos e intrigas incriminatórias sobre os supostos intrusos.[15]

Entre as contribuições que buscaram reconciliar as tradições marxista e weberiana para entender o papel das classes na constituição das desigualdades que estruturam as sociedades contemporâneas, cabe destaque aos trabalhos de Reinhard Kreckel, que procura construir uma sociologia política da desigualdade social.[16] Primeiro, o autor revisa as obras de Weber e Marx, mostrando que há um mal-entendido muito difundido na recepção de Weber, derivado da tradução equivocada para o inglês e daí para outros idiomas de um dos três termos que aparecem no subtítulo § 6 do capítulo VIII de *Economia e sociedade*, dedicado ao estudo das Comunidades Políticas. O § 6 é intitulado, no original, "Machtverteilung innerhalb der Gemeinschaft: Klassen, Stände, Parteien" [A distribuição do poder dentro da comunidade: Classes, estamentos, partidos]. *Stände* (estamentos) é, em geral, traduzido erroneamente como grupos de status/*status groups*. A partir daí se supõe que Weber estaria se referindo às dimensões material (classes), simbólica (grupos de status) e relativa ao poder (partidos) do processo de formação das comunidades políticas.[17] Conforme mostra Kreckel de forma convincente, classe corresponde, efetivamente, à dimensão estrutural-material das desigualdades.[18] Contudo, *Stände* diz respeito não à dimensão simbólica, mas ao âmbito das interações, relações e redes sociais entre pares, algo próximo a capital social no sentido que Pierre Bourdieu lhe confere. E partidos, por sua vez, não podem corresponder à dimensão do poder, já que na leitura de Weber o poder não é *uma* dimensão da desigualdade, mas categoria transversal que perpassa todas as demais dimensões.

As classes médias

Permita-me aqui uma breve digressão sobre os debates contemporâneos em torno da classe média, já que as classes médias são uma expressão hiperbolizada da complexidade que marca os nexos entre situação de classe e escolhas culturais e políticas.

Como é sabido, muitos outros autores e disciplinas, além de atores políticos, se juntaram recentemente ao debate sobre classes médias. Em geral, as disputas nas ciências políticas estão vinculadas às diferentes avaliações entre o papel e o comportamento político das classes médias em relação a regimes autoritários ou, pelo lado oposto, à defesa da democracia e à sua contribuição para a governança política.[19]

No campo da antropologia social, os debates se concentram mais propriamente nas diferentes maneiras de interpretar as experiências cotidianas da classe média, bem como no estudo da importância de aspectos como práticas culturais e de consumo para a conformação da experiência de classe.[20]

Para muitos cientistas políticos e economistas e para organizações internacionais e empresas de consultoria, as classes médias, tanto as estabelecidas quanto as chamadas classes médias emergentes, são propulsoras do consumo, do crescimento econômico, da modernização social e, portanto, são fatores de estabilização política. Para ambientalistas e pensadores de esquerda, em contrapartida, a classe média estabelecida é a vilã que trava a redistribuição de riqueza, enquanto as classes médias emergentes, com sua sede de consumo, fazem crescer a pressão sobre o meio ambiente e o clima, legitimando, ainda, os valores neoliberais do hiperindividualismo.[21]

As disputas na sociologia são, em boa parte dos casos, orientadas pela crítica às leituras economicistas da classe média como aquelas vigentes nas organizações internacionais que tendem a definir a classe média exclusivamente pelo critério da renda. Não obstante, quando se trata de discutir quais são os outros vetores que devem ser levados em conta, as abordagens divergem. Enquanto muitos sociólogos indicam a centralidade do tipo de ocupação profissional e da forma como gastam ou investem o que ganham para a definição da condição de classe média, outros partem de variáveis como o capital cultural e o habitus de classe.[22] Na produção teórica contemporânea sobre a classe média, cabe destaque ao trabalho de Göran Therborn, que chama a atenção para o papel ambivalente das classes médias na política contemporânea.[23] Assiste-se hoje, conforme Therborn, a uma retração, ao menos no plano discursivo, da importância da classe trabalhadora como sujeito coletivo e à generalização dos discursos sobre a classe média.

Isso não tem obviamente nenhuma relação com a hipótese do nivelamento estrutural das desigualdades nacionais ou globais. Trata-se de discursos ideológicos que caminham, conforme Therborn, em duas direções distintas: o tom sofredor e "lamurioso" da classe média do Norte Global, a qual teria sido, supostamente, "deixada de lado diante da oligarquia ascendente do capitalismo financeiro",[24] e o discurso das classes médias do Sul Global, que, inflado pelas agências internacionais e empresas de consultoria, vai pelo caminho oposto, é "jubilante, anuncia a chegada ou a iminente aparição dos Messias, na forma das classes médias consumidoras".[25]

Permita-me interromper neste ponto a discussão sobre a relação entre classes, classes médias e escolhas políticas para passar à segunda parte deste capítulo, dedicada à discussão entre desigualdades e diferenças. Retomarei o debate sobre classes e escolhas políticas nas conclusões para mostrar que ambos os debates, isto é, as discussões sobre classes e escolhas políticas e aquelas relativas a desigualdade e diferença, são duas formas distintas de tratar da mesma questão, ou seja, a relação entre a situação estrutural e as escolhas culturais e políticas.

Desigualdades e diferenças

Diferenças, tomadas em seu sentido genérico, não merecem atenção das ciências sociais. Afinal, seres humanos são, por definição, diferentes entre si, tanto em sua aparência quanto em suas maneiras de ser e de expressar sua humanidade. Diferenças se tornam tema das ciências sociais apenas quando assumem relevância social, como referência para a constituição de grupos, e mais ainda quando contam politicamente. Cabe nesse caso investigar e oferecer boas respostas para explicar por que diferenças como aquelas entre brancos e negros ou entre homens e mulheres ganham força política, enquanto outras não têm politicamente nenhuma importância. Dizer que diferenças politicamente relevantes são as que expressam desigualdades seria simplificar, inadequadamente, o debate. Afinal, desigualdades entre brancos e negros ou entre homens e mulheres, ainda que acompanhem sociedades como a brasileira há séculos, só muito recentemente entraram para valer na ordem do dia como problema e injustiça a ser combatida. Ao mesmo tempo, a diferença que explica a maior parte das desigualdades contemporâneas, ou seja, as diferenças de cidadania ou pertença nacional, continua sendo nada ou muito pouco problematizada. Em resumo, questões sobre o caráter político das diferenças ou sobre a correlação entre diferença e desigualdade permanecem em grande medida não respondidas.

Para estudar as tensões e superposições entre desigualdade e diferença, discuto primeiro três abordagens que se tornaram muito influentes nos debates contemporâneos por, de algum modo, vincular as discussões sobre desigualdade, mais próprias à sociologia e à economia, às discussões sobre diferença mais extensivamente tratadas pela filosofia, pela antropologia e áreas interdisciplinares como os estudos de gênero ou os estudos raciais. São elas: o paradigma do reconhecimento-redistribuição como desenvolvido por Nancy Fraser e Axel Honneth,[26] a abordagem das desigualdades categoriais[27] desenvolvida por Charles Tilly[28] e a abordagem das desigualdades horizontais-desigualdades verticais desenvolvida por Frances Stewart.[29] Trata-se de discutir como esses autores respondem a duas questões particularmente relevantes para este livro, a saber, como diferenças politicamente relevantes emergem e como diferenças e desigualdades se articulam.

De saída, há que constatar que, a despeito de suas nuances e divergências, essas três abordagens apresentam uma limitação conceitual comum, que é tratar diferenças flutuantes e dinâmicas como categorias binárias e fixas: brancos-negros, homens-mulheres, cristãos-muçulmanos, indígenas-mestiços etc. Com o intuito de superar esse déficit analítico, o presente capítulo, baseando-se no conceito de articulação, desenvolve uma matriz analítica segundo a qual diferenças com referência a gênero, etnicidade, religião, raça etc. representam posicionalidades ou lugares de enunciação no âmbito de relações sociais hierárquicas. Seguindo essa linha de argumentação, aqueles que reclamam para si mesmos uma certa posicionalidade ou atribuem uma posicionalidade específica a outros se encontram em luta para conservar ou remover as hierarquias sociais existentes. Diferenças não se constroem, portanto, independentemente da estrutura social em algum lugar anterior ou fora da política. As diferenças são articuladas politicamente, à luz da estrutura de desigualdades existentes.

Reconhecimento-redistribuição, desigualdades categoriais, desigualdades verticais e horizontais

Publicado primeiramente em alemão e inglês em 2003, *Redistribution or Recognition? A Political-Philosophical Exchange*, escrito por Nancy Fraser e Axel Honneth, já nasceu clássico.[30] Concebido como um diálogo entre os dois representantes mais renomados da teoria crítica hoje, as posições assumidas pelos autores no livro estão longe de ser consensuais. A contribuição de Honneth ao trabalho reafirma, em linhas gerais, a tese central de sua magnum opus *Luta por reconhecimento*, de 1994,[31] segundo a qual "todas as lutas por justiça podem ser entendidas como lutas por reconhecimento".[32] De acordo com a tese de Honneth, o reconhecimento adequado nas três esferas para ele relevantes, a saber, amor, direito e solidariedade social, são condições ao mesmo tempo necessárias e suficientes para a chamada vida boa. Questões materiais e pecuniárias não vêm ao caso, já que, para o autor, um mínimo de segurança material é pressuposto da vida decente. Nesse sentido, desigualdades não contam na sua reflexão teórica, dado que o suprimento das necessidades materiais está, por definição, dado previamente.[33]

Assim, ao discutir no livro em coautoria com Fraser reivindicações materiais como, por exemplo, as lutas sindicais por melhores salários, Honneth se refere a tais embates como disputas pela implementação de direitos sociais ou pela modificação dos parâmetros dominantes de valorização do trabalho. Nesse sentido, mesmo conflitos distributivos têm em última instância, para o autor, uma motivação moral-cultural, na medida em que esses conflitos só ocorrem quando são frustradas expectativas de valorização e reconhecimento social daqueles que reclamam melhores salários ou a extensão de seus direitos sociais. Portanto, lutas por redistribuição seriam, antes de tudo, lutas por reconhecimento.

Fraser discorda de Honneth e argumenta que sociedades vão muito além de um acordo ético entre seus membros. São constituídas também por imperativos sistêmicos. Nesse caso, injustiças vinculadas à distribuição desigual de bens em uma sociedade não são exatamente consequência da falta de reconhecimento; essas injustiças são, na verdade, "intrínsecas àquela ordem de relações econômicas especializadas, cuja razão de ser é muito mais o acúmulo de ganhos".[34]

Fraser identifica uma polarização nos debates filosóficos naquela altura envolvendo, de um lado, abordagens liberais, como as teorias de justiça de John Rawls e Ronald Dworkin, que tendem a reduzir todos os reclamos por justiça a lutas redistributivas, e, de outro, abordagens baseadas na ideia de identidade, como as teorias de Charles Taylor, Will Kymlicka e Axel Honneth, as quais insistem na necessidade de novos instrumentos de reconhecimento de diferenças, especialmente diferenças culturais. A contribuição particular de Fraser compreende o esforço de combinar essas duas formas de justiça no âmbito da concepção de justiça que a autora chama de paridade de participação. Ela argumenta que "a justiça requer arranjos sociais que permitam que todos os membros (adultos) da sociedade interajam com seus pares".[35] Para isso, é necessário satisfazer certas condições objetivas e subjetivas. As condições objetivas implicam a provisão de recursos materiais que assegurem a todos os participantes do processo independência e voz. As condições subjetivas, que os "modelos institucionalizados de valores culturais expressem igual respeito para com todos os participantes e assegurem a todos as mesmas chances de alcançar o respeito social".[36]

Após essa breve e decerto insuficiente incursão em um debate muito amplo e complexo, podemos inferir as respostas que ambos os autores oferecem às questões sobre como diferenças politicamente relevantes emergem e como diferenças e desigualdades se correlacionam. Se aceitarmos a primazia da esfera do reconhecimento sobre as demais, como quer Honneth, devemos conceber diferenças de gênero, étnicas, raciais e culturais como sendo constituídas em um nível pré-político, isto é, dentro da esfera moral ou cultural. Consequentemente, as reivindicações políticas pelo reconhecimento das diferenças são reações contra violações e frustrações de expectativas ancoradas na gramática moral das sociedades. Fraser, ao contrário, assume uma posição mais ambivalente: em alguns trechos, ela se refere a gays, mulheres e negros como se essas categorias se referissem a grupos claros e estáveis constituídos em um nível pré-político. Ao mesmo tempo, enfatiza o caráter político e dinâmico desses marcadores revelando sua inspiração pós-estruturalista. No que tange à correlação entre diferenças e desigualdades, as posições dos dois autores também diferem amplamente. Enquanto Honneth propõe subsumir a desigualdade social na diferença, isto é, na dimensão do reconhecimento, o modelo dual de Fraser preserva a independência das dimensões cultural-moral e econômica da justiça. A partir da separação dessas duas esferas de justiça, ela elabora seu argumento para combinar reconhecimento e redistribuição.

Na segunda abordagem discutida aqui, o postulado das desigualdades categoriais, Charles Tilly busca estudar as desigualdades não apenas entre indivíduos, mas também entre grupos de indivíduos constituídos com base em pares categoriais antitéticos: brancos-negros, homens-mulheres etc.[37] Conforme o autor, na medida em que organizações como famílias, empresas e partidos políticos, entre outros, alimentam essas distinções categoriais, elas se tornam difundidas e institucionalizadas nas sociedades como um todo e contribuem para moldar comportamentos, estratégias e práticas cotidianas de instituições e indivíduos.[38] Apesar do papel pioneiro que desempenhou na pesquisa sobre desigualdade, a teoria de desigualdades categoriais de Tilly, se vista a partir do estado contemporâneo da arte, apresenta várias limitações e inconsistências. Primeiramente, o autor assume uma classificação clara de grupos e indivíduos em torno de pares categoriais bipolares, ignorando que adscrições e autoidentificações sempre englobam inúmeras categorias intermediárias situadas entre os polos dicotômicos negro-branco, homem-mulher, cidadão nacional-migrante etc. Além disso, adscrições e autoidentificações, como nos ensina a pesquisa sobre interseccionalidade,[39] nunca obedecem à lógica de um único eixo de classificação, mas combinam posições relativas a gênero, classe, etnicidade, raça etc. Isto é, na prática política e mesmo nas relações cotidianas, os vínculos de cooperação ou linhas de conflito estabelecidos entre sujeitos realmente existentes não se articulam em torno de polarizações brancos versus negros, mulheres versus homens, mas combinam múltiplas classificações, de sorte que as interações envolvem pessoas situadas nas hierarquias sociais, simultaneamente através de sua posição de gênero, classe, raça, local de residência etc.

Um problema adicional na abordagem de Tilly está relacionado à indagação sobre o surgimento de diferenças politicamente relevantes e sua correlação com as desigualdades. Se Honneth deriva desigualdades de diferenças, Tilly comete o erro oposto, isto é, deduz diferenças de desigualdades (categoriais). Para Tilly, as duplas categoriais existentes não apenas moldam as estruturas sociais como são em grande parte aprendidas e assimiladas por instituições e indivíduos e, portanto, também moldam identidades sociais e culturais. Nesse sentido, pode-se argumentar que ele realmente não nos oferece um modelo capaz de explicar a interação entre diferenças e desigualdades. Em seu relato, as diferenças são apenas um subproduto das desigualdades.

Uma vez identificados esses problemas tanto nas abordagens de Honneth e Fraser quanto no modelo das desigualdades categoriais de Tilly, gostaria de discutir a abordagem das desigualdades horizontais e verticais, menos conhecida, mas também bastante influente, particularmente nos estudos sobre desenvolvimento. Segundo a economista Frances Stewart,[40] as posições sociais individuais em uma determinada sociedade correspondem à soma das desigualdades verticais e horizontais. As primeiras se referem às distâncias entre indivíduos na estrutura social considerando-se variáveis como renda, riqueza etc. Já as desigualdades horizontais se referem às distâncias sociais entre grupos de indivíduos. Ao enfocar as desigualdades horizontais, Stewart pretende ampliar a perspectiva convencional, que tende a reduzir a análise das desigualdades à desigualdade econômica. Assim, ela distingue os grupos não apenas usando fatores econômicos, mas também aplicando critérios políticos, religiosos, étnicos, raciais e específicos de gênero.

Diferentemente dos pares categoriais de Tilly, que são estabelecidos com base em sua persistência histórica, a abordagem de desigualdades horizontais procura, em cada investigação específica, aquelas categorias que são pertinentes para explicar as desigualdades sociais num caso dado. Seguindo essa lógica, estudos empíricos realizados em consonância com a abordagem de desigualdades horizontais identificaram uma multiplicidade de grupos relevantes em diferentes regiões, como mostra, por exemplo, a investigação realizada por Rosemary Thorp e Maritza Paredes no Peru.[41] Essas autoras consideram três grupos principais em seu estudo: brancos, mestiços e indígenas. Segundo elas, em combinação com outros eixos significativos de estratificação — em particular o local de residência (rural, urbano etc.), gênero e classe —, o pertencimento de um indivíduo a um dos três grupos (brancos, mestiços e indígenas) configura sua posição na estrutura social peruana.

Os estudiosos vinculados à abordagem das desigualdades verticais e horizontais defendem uma perspectiva multidimensional no momento de identificar quais fatores determinam que diferenças se tornem politicamente relevantes. Não obstante, quando se trata de tema crucial para a articulação entre diferenças e desigualdades, ou seja, quais são as diferenças que definem grupos, a abordagem tende ao economicismo, abandonando variáveis explicativas não econômicas:

> Até certo ponto, então, as fronteiras que conferem contornos a um grupo são endógenas às desigualdades entre grupos. Assim, se pessoas sofrem discriminação (isto é, experimentam desigualdade horizontal), elas tendem a se sentir mais fortemente identificadas com o grupo cultural discriminado, sobretudo se outras pessoas as categorizarem em grupos com o propósito expresso de exercer discriminação (criando ou impondo, dessa maneira, HIs [desigualdades horizontais]).[42]

Ao fim e ao cabo, a abordagem de desigualdades verticais--desigualdades horizontais, apesar de sua adaptabilidade a diferentes contextos empíricos, apresenta deficiências muito semelhantes à teoria de Tilly quando se trata de explicar o surgimento de diferenças politicamente relevantes e sua correlação com as desigualdades. A abordagem deriva diferenças linearmente das desigualdades existentes, argumentando que as hierarquias socioeconômicas levam automaticamente à identidade do grupo. Portanto, fica evidente que essa interpretação se mostra teoricamente reducionista e empiricamente implausível, uma vez que exclui o caráter contingente que marca a correlação entre desigualdades e diferenças. Ou seja, desigualdades, mesmo que muito profundas e claramente agrupáveis a partir de diferenças raciais, étnicas ou de gênero, às vezes levam — mas às vezes não levam! — os grupos a se valer dessas mesmas diferenças para se constituir como grupos.

A avaliação das contribuições dadas por Fraser, Honneth, Tilly e Stewart para entender as tensões entre desigualdades e diferenças leva à conclusão de que nenhuma delas oferece uma resposta satisfatória às questões que nos interessam mais diretamente neste livro: como surgem diferenças politicamente relevantes e qual é sua correlação com as desigualdades existentes. Na breve revisão dos modelos desenvolvida até aqui, encontramos respostas culturalistas, como no caso de Honneth, que reduzem as desigualdades às diferenças, ou respostas economicistas, que levam a que diferenças sejam subsumidas às desigualdades, como no caso das contribuições de Tilly e Stewart. O modelo dual de Fraser apresenta abertura importante, na medida em que trata diferenças como construções políticas. Não obstante, ao defender a existência de duas esferas separadas de justiça, a esfera do reconhecimento e a da redistribuição, a autora quebra o nexo indissociável entre diferença e desigualdade, pouco contribuindo para entender a inseparabilidade lógica e os processos de constituição mútuos desses dois termos e das esferas sociais que lhes são afeitas.

Articulação

Desde os anos 1980, os teóricos pós-estruturalistas e pós-coloniais vêm afiando seus instrumentos teórico-analíticos no intuito de iluminar os laços complexos que associam posições estruturais e escolhas políticas e culturais. No centro dessas reflexões está o conceito de articulação, conforme é delineado especialmente por Homi Bhabha e Stuart Hall em programas de pesquisa separados, mas complementares.[43] Ambos os autores usam o termo "articulação" seguindo seus dois significados coloquiais, ou seja, como o ato de falar e como uma conexão entre dois elementos.[44] Articulação, nesses dois sentidos, é contingente. Isso significa que não se pode definir a priori qual diferença será reclamada, nem quando e como isso ocorrerá discursivamente, dado o fato de que as diferenças não têm existência anterior ou além dos discursos, elas emergem com sua articulação discursiva, como aponta Bhabha:

> A representação da diferença não deve ser lida apressadamente como o reflexo de traços étnicos ou culturais previamente estabelecidos, presos ao tabuleiro fixo da tradição. A articulação social da diferença, a partir da perspectiva minoritária, é uma negociação complexa e processual que procura autorizar as hibridações culturais que emergem em momentos de transformação histórica. O "direito" de significar a partir da periferia do poder autorizado e privilegiado não depende da persistência da tradição; tal significação se vale de recursos de poder conferidos pela tradição para ser reinscrita sob as condições de contingência e contradição que regem as vidas daqueles que estão "em minoria".[45]

O caráter contingente da articulação é também encontrado no segundo significado do termo. Ou seja, é impossível prever quais elementos serão conectados discursivamente e quando. Portanto, estudar articulações é uma maneira de se perguntar por que certos discursos se tornam relevantes para a constituição de certos sujeitos sob certas circunstâncias. Como resume Stuart Hall:

> A teoria da articulação pergunta como uma ideologia descobre seu sujeito e não como o sujeito descobre os pensamentos necessários e inevitáveis que lhe pertencem. Essa teoria nos permite pensar a situação histórica desses sujeitos, sem reduzir essas formas de inteligibilidade à posição socioeconômica, social ou de classe destes.[46]

Aplicada à discussão anterior sobre a relação entre a situação de classe e escolhas políticas e culturais, a teoria da articulação leva a resultados muito semelhantes à formulação mais geral de Weber. Afinal, na tradição marxista, tem prevalecido o entendimento de que há um nexo necessário, mesmo que histórico, isto é, não mecânico e não determinista, entre a posição na estrutura das duas classes vigentes no capitalismo — o proletariado que vende sua força de trabalho e a burguesia que detém os meios de produção — e a consciência política. Mesmo nos trabalhos marxistas que, a partir do final do século XX, se debruçaram seriamente sobre o lugar social e o papel político das classes médias expandindo o entendimento do biclassismo (burguesia versus proletariado) vigente até então,[47] falta uma resposta clara para a maneira como se articulam posições de classe e escolhas políticas.

Na linhagem que nasce com Weber, como se mostrou, o nexo entre a situação de classe (*Klassenlage*) e a consciência e ação políticas é visto de maneira muito mais flexível e dinâmica.

A teoria da articulação permite expressar, no plano abstrato, essa relação dinâmica e flexível entre posições na estrutura social e escolhas políticas expressas sob a forma de posições públicas reconhecíveis e analisáveis.

Cabe, portanto, reconstruir as articulações contingentes entre a situação estrutural e as posições políticas assumidas pelos diferentes estratos ou classes. Parafraseando Stuart Hall, pode-se dizer que se trata de entender as circunstâncias que levam, como vem se dando, por exemplo, no Brasil hoje, discursos diversos, desde ideologias autoritárias de direita até a defesa enfática da democracia, da pluralidade e dos direitos sociais e de minorias, e diferentes segmentos de classes a se encontrarem, propiciando a constituição recíproca de discursos e sujeitos.

A ênfase na contingência não implica obviamente acreditar que os desenvolvimentos políticos são fortuitos e descolados das estruturas sociais. Não implica também deixar de reconhecer a existência de grupos com convicções ideológicas ou culturais muito sedimentadas e que adotam consistentemente durante longos períodos de tempo atitudes políticas compatíveis com essas crenças. Tomadas em seu conjunto, contudo, classes não são atores políticos unívocos. Aderem a discursos e fazem escolhas políticas com base no poder dessas narrativas de captar e traduzir, em circunstâncias determinadas, suas angústias, expectativas, reivindicações e aspirações.

Quando, por outro lado, é usada para iluminar o estudo da correlação entre desigualdades e diferenças, a teoria da articulação oferece argumentos poderosos para superar tanto o culturalismo quanto o economicismo, como também para criticar a combinação de economicismo e culturalismo no modelo dual de Fraser. Assim, as lutas por justiça existentes são sempre uma articulação contingente de uma certa posição na estrutura social com um certo discurso sobre a diferença. De novo: ser contingente não significa ser aleatório ou arbitrário. Pesquisadores sociais são capazes de reconstruir as circunstâncias que levaram um certo discurso a encontrar um determinado sujeito num contexto e ocasião dados. No entanto, analistas sociais não se encontram na condição afortunada de poder prever articulações que se formarão no futuro, dado que as posições estruturais e as posições de discurso existentes são muito variadas, e também devido à multiplicidade de combinações possíveis entre posições estruturais e discursivas. Cientistas sociais podem, na melhor das hipóteses, fazer boas apostas — por exemplo, que parte das mulheres indígenas residentes em áreas afetadas pelo garimpo poderiam se articular com ambientalistas para lutar contra a contaminação de rios por mercúrio. Muito poucos, contudo, puderam prever que jovens negros gays, residentes em bairros periféricos de São Paulo, poderiam, em algum momento, apoiar discursos claramente homofóbicos e avessos a políticas de combate à desigualdade e ao racismo.

Para dar sentido ao tipo de articulação entre diferenças e desigualdades que se propõe aqui é necessário elaborar uma definição ampla de desigualdade social, como desenvolvido nos capítulos 1 e 2. Recorde-se que, conforme tal definição, desigualdades sociais correspondem a distâncias entre posições ocupadas por indivíduos ou grupos de indivíduos na estrutura social em âmbito local, nacional ou global. Essa definição diz respeito a posições econômicas (definidas por renda, riqueza, controle de recursos etc.) e assimetrias em termos de direitos políticos, sociais, existenciais e ecológicos, influência política e também capacidades epistemológicas.

As unidades de referência que podem ser consideradas para descrever as desigualdades são incontáveis. Indivíduos distribuídos ao longo de quintis de renda e denominados não por si mesmos, mas por estudiosos da estratificação social, classes ou estratos são os grupos mais comuns de encontrar — pelo menos na literatura acadêmica e nos estudos que orientam políticas públicas, como aqueles desenvolvidos por organizações como o Instituto de Pesquisa Econômica Aplicada (Ipea), a Comissão Econômica para a América Latina e o Caribe (Cepal) e o Banco Mundial. Quando se trata de grupos e não mais de indivíduos, as comparações entre as posições ocupadas, no âmbito nacional, principalmente por homens e mulheres, negros e brancos, migrantes e cidadãos nacionais, crianças, adultos e idosos vêm se tornando cada vez mais disseminadas.

Como tratadas aqui, *diferenças* se referem a esses múltiplos grupos constituídos no processo de articular (no sentido de enunciar) as desigualdades, seja para analisar e pesquisar desigualdades existentes, seja para defender, politicamente, as próprias posições nas hierarquias sociais, ou para exigir uma mitigação das desigualdades. Isso não implica, de forma alguma, crenças economicistas, como se diferenças pudessem emanar de posições sociais. Não são as posições estruturais em si, mas sim sua avaliação cultural e política — como justa ou injusta — que conta no processo de articular diferenças. O culturalismo também não tem lugar nesse entendimento. É claro que inclinações morais ou culturais prévias desempenham um papel importante na mobilização a favor ou contra as desigualdades; entretanto, essas disposições constituem um amplo e sempre mutável repertório de possibilidades contingentemente articuladas de acordo com variáveis contextuais.

Empiricamente, isso fica muito evidente nos estudos que se debruçam sobre o renascimento recente das identificações étnicas na América Latina, por exemplo. De acordo com esses estudos, as autoidentidades reivindicadas por algumas populações rurais latino-americanas têm variado historicamente, mudando, durante o século XX, de indígenas ou negros para camponeses mestiços, e de camponeses para comunidades ancestrais, nas últimas décadas. Essas variações não podem ser explicadas simplesmente por movimentos na estrutura social, uma vez que aspectos estruturais como propriedade da terra, desigualdades econômicas etc. não mudaram substancialmente durante esse período. As variações parecem refletir mais claramente a recente disseminação da legislação multicultural na região, abrindo para as populações rurais novos canais de acesso à propriedade da terra — ainda que tratada como território ancestral — e a outros direitos culturais.[48]

O que se postula aqui, com base na teoria da articulação, é que diferença e desigualdade são duas faces de uma mesma medalha. Ambas correspondem à maneira como sujeitos individuais ou coletivos se posicionam no mundo. De certo modo, diferença é a articulação discursiva, portanto sempre contingente e mutável, da posição dos sujeitos no interior das hierarquias sociais.

Nesse sentido, diferenças se tornam politicamente relevantes, na medida em que o contexto histórico e circunstâncias conjunturais permitem frasear, através delas, o desejo de preservar ou abolir as hierarquias e desigualdades existentes. Esse entendimento orienta também a resposta à pergunta sobre a correlação entre desigualdade e diferença: ambas se constituem mutuamente, sem precedência de uma sobre a outra.

Conclusões

Partindo do conceito de articulação, em sua acepção pós-estruturalista, o presente capítulo procurou responder a duas questões correlatas das quais se ocupam a sociologia desde seus primórdios e que, dadas as disputas políticas e teóricas contemporâneas, voltaram a ser extremamente relevantes e até urgentes. A primeira questão se refere à relação entre posições ou situações de classe e escolhas políticas. A segunda diz respeito à correlação entre desigualdades sociais, entendidas como distâncias nas posições ocupadas por grupos ou indivíduos na estrutura social, e diferenças, especialmente em termos de gênero, classe, religião, sexualidade, raça e etnicidade, trazidas à arena política.

Ainda que conduzidos historicamente como dissociados, os debates sobre essas duas questões podem e, caso se pretenda construir uma análise interseccional compreensiva das desigualdades sociais, têm que ser fundidos. A partir dos argumentos desenvolvidos até aqui, é possível formular que o conjunto de desigualdades sociais, combinando, portanto, desigualdades de classe, gênero, etnicidade, raça, nacionalidade ou outro eixo que se revele relevante, configura a situação interseccional de uma pessoa ou grupo, isto é, sua posição objetiva nas hierarquias sociais. O vínculo específico e observável entre a situação interseccional específica de um indivíduo ou de um grupo e suas respectivas escolhas culturais e políticas é produto de articulações contingentes. A situação interseccional impõe limites óbvios às escolhas culturais e políticas, mas, ainda assim, as possibilidades de articulação entre situação interseccional e escolhas culturais e políticas continuam múltiplas — por força de pelo menos dois conjuntos de razões. Primeiro porque, como se sabe ao menos desde os estudos de formação da classe trabalhadora iniciados pela historiografia social inglesa,[49] a situação de classe (ou de gênero, etnorracial etc.) requer processos complexos e múltiplos de decodificação da inserção por assim dizer objetiva nas hierarquias sociais. E segundo porque a situação interseccional já é em si mesma definidora de uma multiplicidade de combinações possíveis de posições nas hierarquias sociais. Isto é, mesmo que duas pessoas tenham, da perspectiva de classe, uma situação semelhante, quando tal situação é combinada com a situação de gênero, etnorracial, nacional etc., uma infinidade de possibilidades de situação interseccional emerge.

4.
Deslocamentos das situações interseccionais no Brasil contemporâneo

Em livro muito sugestivo que discute regimes de fronteiras e migração no contexto europeu, de uma perspectiva translocal e interseccional, Floya Anthias fornece pistas analíticas muito interessantes para estudar hierarquias sociais que podem ser marcadas pela rigidez e pela estabilidade, mas também por momentos de flexibilização e desestabilização.[1] Essas situações contraditórias são caracterizadas pela autora como fases de desordenamento (*de-ordering*) e reordenamento (*re-ordering*) das hierarquias sociais relativas a classe, gênero, raça e etnicidade, nacionalidade etc.

Ainda que derivado de um contexto muito diverso do estudado neste livro, o insight teórico-analítico de Anthias é útil para entender e interpretar os deslocamentos recentes nas hierarquias sociais no Brasil. Afinal, mesmo em sociedades marcadas por hierarquias de classe, gênero e etnorraciais tão profundas e persistentes como a brasileira, algum tipo de deslocamento nas posições sociais é a regra, e não a exceção. Mais ainda, há momentos em que os diferentes grupos sociais se rebelam contra as persistências ou contra os deslocamentos das hierarquias, exigindo, no primeiro caso, a redução das assimetrias existentes (desordenamento) ou, no segundo, sua restauração (reordenamento).

O argumento central deste e do próximo capítulo é que o período que vai de 2003 a 2024 é marcado, no Brasil, por profundas disputas pelo desordenamento e pelo reordenamento das desigualdades sociais, entendidas num sentido amplo. A profundidade das disputas é de tal ordem que o sistema político já não foi mais capaz de dar guarida a elas, fazendo com que tais contendas transbordassem para as ruas e o cotidiano.

Como procurarei mostrar, aquilo que é descrito por cientistas políticos e também na linguagem coloquial como polarização política se refere precisamente a essas disputas em torno da transformação e da manutenção das hierarquias sociais, em suas diversas dimensões e nas diversas esferas sociais. No capítulo 5 tratarei das formas assumidas por essas disputas no âmbito propriamente político e no âmbito cotidiano. Antes, porém, no presente capítulo, dedico-me a caracterizar esses desordenamentos e reordenamentos da estrutura social.

O capítulo se inicia com uma descrição das transformações políticas observadas desde a chegada do PT ao poder, em 2003, até abril de 2024, quando este livro foi concluído. Certamente, a descrição é muito seletiva e panorâmica e, portanto, insuficiente para sumarizar o conjunto de transformações relevantes observadas no amplo período coberto. O brevíssimo sumário apresentado, contudo, já deve ser suficiente para caracterizar o contexto no qual se dão os deslocamentos das situações interseccionais descritos na segunda parte do capítulo. Trata-se aqui de caracterizar como varia nesses anos a posição nas hierarquias sociais das classes ou dos estratos sociais selecionados e de grupos definidos a partir de categorias de gênero e sexualidade e raça e etnicidade. Por fim, as conclusões buscam recuperar as conexões entre as duas seções do capítulo e sublinhar os achados mais relevantes, de sorte a orientar as discussões que serão levadas a cabo no capítulo 5.

A estrutura social brasileira se move

Com as ressalvas já feitas quanto ao caráter panorâmico desta seção, discutem-se a seguir desenvolvimentos políticos que acarretam deslocamentos nas situações interseccionais, destacando-se três momentos, a saber: o primeiro período, marcado pelos governos liderados pelo PT entre 2003 e 2015-6, o período que se segue ao impeachment de Dilma Rousseff, marcado primeiro pelo governo de Michel Temer (2016-8) e depois pelo governo de Jair Bolsonaro (2019-22), e finalmente o terceiro período, iniciado em 2023, com a volta de Luiz Inácio Lula da Silva à Presidência.

A primeira era PT (2003-15/2016)

Quando se entendem desigualdades de uma perspectiva multidimensional e não apenas pelas distâncias econômicas, o balanço da primeira era PT é ambivalente. Tendo como presidentes primeiro Lula em dois mandatos (2003-6, 2007-10) e depois Dilma também em dois mandatos (2011-4, 2015-6), o segundo interrompido pelo impeachment, o PT, mesmo fazendo enormes concessões aos partidos conservadores para a formação de maiorias no parlamento, logrou implementar um conjunto de políticas e ações que provocaram deslocamentos importantes na estrutura social brasileira.

Isso é verdadeiro sobretudo para o período 2003-14. O segundo mandato de Dilma Rousseff (2015-6) é marcado pela conjunção das crises econômica e política e marcam o início do processo de desmantelamento das conquistas sociais dos anos anteriores.

Entre 2003 e 2013, as políticas econômicas anticíclicas adotadas e a conjuntura internacional favorável na maior parte desse período, entre outros fatores, propiciaram um crescimento do

PIB da ordem de 64%. Os gastos sociais cresceram significativamente e novas políticas de combate à pobreza foram implementadas, fazendo com que a proporção de pobres na população brasileira fosse reduzida à metade. O salário mínimo, fixado pelo governo, cresceu no período 75% em termos reais e milhões de novas vagas de trabalho formais foram criadas anualmente.[2]

João Saboia e João Hallak Neto[3] estimam que o aumento real do salário mínimo é responsável por mais da metade da queda do coeficiente de Gini observada no período 2004-13.[4] Múltiplos fatores explicam os efeitos redistributivos desse aumento.

1. Como cerca de 70% dos trabalhadores brasileiros tinham uma renda de menos de dois salários mínimos por mês, um aumento real do salário mínimo tem grande impacto agregado.[5]
2. O aumento do salário mínimo reforça o poder de barganha mesmo dos trabalhadores cujos salários não são atrelados a ele e até dos trabalhadores informais, já que o salário mínimo serve, nesses casos, "como uma referência para as negociações salariais individuais".[6]
3. O reajuste automático de valores menores de aposentadorias pelo salário mínimo resulta em incremento da renda dos idosos de estratos de renda mais baixos e suas famílias.[7]
4. Como há concentração de mulheres e negros em setores de baixa remuneração, como o trabalho doméstico, aumentos reais do salário mínimo contribuem para reduzir as desigualdades em termos de gênero e raça.[8]
5. Além de seus impactos para melhorar a distribuição de renda entre indivíduos e grupos, o aumento do salário mínimo tem um importante efeito sobre a distribuição funcional da renda, na medida em que promove uma

redistribuição em favor da remuneração do fator trabalho, em detrimento da remuneração do capital.[9]

A conjuntura favorável permitiu que um número significativo de pessoas ascendesse dos estratos inferiores de renda para conformar o contingente que ficou conhecido no debate brasileiro, em linha com o vocabulário das grandes empresas de consultoria internacional e com organismos internacionais como a Organização para a Cooperação e Desenvolvimento Econômico (OCDE) e o Banco Mundial, como nova classe média ou classe média emergente. Conforme as aferições de Marcelo Neri, 51,1 milhões de brasileiros passaram, entre 2003 e 2014, das classes de renda E e D para a classe C, juntando-se aos 67,9 milhões de pessoas que já se encontravam nessa faixa de renda em 2003.[10] Alguns cientistas sociais brasileiros criticaram, oportunamente, o entusiasmo apressado com a nova classe média, ao evidenciar os limites conceituais e empíricos do trabalho de Neri e outros analistas que seguiam linha similar de argumentação. Esses autores[11] buscaram agregar outros indicadores, além da variável renda, ao estudo das transformações na estrutura social observada durante o ciclo do lulismo, fornecendo elementos importantes para entender os deslocamentos observados na pirâmide social brasileira nos anos que antecederam a crise política iniciada em 2013.[12]

Não obstante, é inegável que houve movimentos importantes na estrutura da renda brasileira no período que vai de 2003 a 2013 e que produziram efeitos importantes na estrutura de consumo de bens e serviços. Servem de exemplo, aqui, o aumento da demanda de viagens aéreas e veículos automotores em circulação. O número de passageiros embarcados em voos domésticos e internacionais no Brasil salta de 37,1 milhões em 2003 para 117,1 milhões em 2014.[13] O número de automóveis e motocicletas circulando, por sua vez, salta de 27,7 milhões de carros e 7,9 milhões de motos em 2006 para 47,9 milhões de carros e 19,2 milhões de motos em 2014.[14]

Outro conjunto de políticas públicas implementado pelos governos comandados pelo PT e relevante para nossos propósitos analíticos diz respeito à expansão das possibilidades de acesso ao ensino superior. Trata-se aqui de diferentes modalidades de bolsas de estudo e de crédito subsidiado para o pagamento das mensalidades das instituições de ensino superior privadas, bem como do incentivo à ampliação da oferta de vagas nas universidades públicas. Impacto importante tem também a lei de cotas de 2012 que estabelece que 50% das vagas nas universidades federais devem ser reservadas a alunos egressos de escolas públicas e destinadas a brancos, negros e indígenas, de acordo com a representação demográfica desses grupos no conjunto da população do respectivo estado. Essas medidas, somadas, levam a um crescimento exponencial do número de estudantes universitários, que salta de 3,9 milhões em 2003 para 6,5 milhões em 2014,[15] e a um aumento significativo da participação de estudantes negros e provenientes dos estratos de renda mais baixos na composição da população universitária brasileira.[16]

Contudo, esse aumento da renda e do maior acesso a bens e serviços se distribui de forma muito heterogênea entre os diferentes estratos sociais. Assim, é necessário relativizar o incremento da renda e do poder de consumo dos estratos intermediários, quando observado da perspectiva do aumento da renda dos demais grupos no mesmo período e levando-se em conta não apenas as pesquisas por domicílio, mas também as declarações de renda. É o que autores como Marcelo Medeiros e colegas e Marc Morgan mostram.[17] Conforme as medições deste último, enquanto a renda real dos 40% intermediários da população cresce 9,2% entre 2001 e 2015, a renda dos 50% mais pobres cresce 29,9% e a dos 10% mais ricos, 21,0% no mesmo período. Também quando se leva em consideração não apenas a renda, mas a riqueza de forma geral, incluindo-se, portanto, patrimônio e outros ativos que podem ser medidos em dinheiro, percebe-se uma concentração crescente de riqueza no Brasil não só durante a era PT, mas durante todo o presente século: em 2006, o 1% mais rico detinha 35% de toda a riqueza declarada. Em 2016, esse valor passava um pouco dos 40%, chegando, em 2021, a 44%.[18]

A tendência à concentração de riqueza na forma de propriedades e outros ativos mesmo no momento em que houve uma ligeira melhora na distribuição da renda se deve, em grande medida, às distorções da estrutura tributária brasileira. Ainda que tenha havido um aumento da arrecadação tributária na primeira era PT, passando de 31,8% do produto interno bruto (PIB) em 2003 para 35,9% em 2012, excedendo o número médio de países da OCDE, que é de 34,6%,[19] a composição das receitas tributárias no Brasil difere substancialmente daquela que existe nos países onde o Estado tem maior poder redistributivo. Assim, enquanto os impostos indiretos que incidem sobre o consumo (e que são, por definição, regressivos, já que os pobres gastam com consumo uma proporção maior de sua renda) representavam, em 2012, 49,7% de todos os impostos cobrados no Brasil, eles detinham uma participação muito menor no total de impostos arrecadados nos países europeus — a título de exemplo: 29,2% na Alemanha e 27,3% na Noruega.[20]

No Brasil, a composição das receitas tributárias não variou substancialmente desde que o PT tomou posse, em 2003, e até o fim da primeira era PT, em 2016.[21] Isso também é verdade para outras características regressivas do sistema tributário brasileiro, como a inexistência de taxação para dividendos — em países da OCDE, esse tributo pode chegar a 40%, como no caso da Coreia do Sul — e a baixa tributação da renda dos muito ricos — no Brasil, a maior alíquota era 27,5%, enquanto na Suécia, por exemplo, chega a 56,6%.[22]

As melhorias, mesmo que pequenas, na distribuição de renda no Brasil durante a primeira era PT se mostraram também pouco sustentáveis. No momento em que a economia começou a estagnar em 2014, os trabalhadores menos qualificados foram os primeiros a perder o emprego e, com eles, a posição social alcançada durante a maré rosa. Ademais, o acesso a serviços como escolas, saúde de qualidade e a um sistema de mobilidade urbana eficiente continuou distribuído de forma muito desigual. Dado o avanço na privatização da saúde e da educação, além da ênfase na mobilidade individual observada durante os governos do PT, a desigualdade de acesso a esses serviços se agravou no período.

Avaliar as mudanças nas assimetrias políticas — outro componente central das desigualdades, vistas de uma perspectiva multidimensional — ocorridas durante os governos petistas é um empreendimento complexo e incerto, uma vez que não existem indicadores transparentes para medir desigualdades de poder. A análise é, por isso, sempre qualitativa e parcial. Em termos gerais, muitos grupos localizados nas posições mais baixas das hierarquias de poder foram politicamente fortalecidos, na medida em que suas reivindicações, em comparação a governos anteriores, foram mais efetivamente incorporadas à agenda política, sendo contempladas por políticas compensatórias específicas. A criação do Ministério do Desenvolvimento e Assistência Social, Família e Combate à Fome e de secretarias com status de ministério ligadas às políticas de promoção de igualdade de gênero e de raça já no início do primeiro governo Lula em 2003, assim como programas variados de proteção e promoção dos direitos de quilombolas, população LGBT[23] e a ampliação dos programas de proteção dos direitos indígenas, representam demonstrações claras de que, ainda que os resultados obtidos possam ter sido limitados, buscou-se fortalecer a posição de poder desses grupos. Outros exemplos de medidas significativas e que atuam na mesma direção de fortalecimento da posição de poder de grupos vulnerabilizados foram a Lei Maria da Penha, contra a violência doméstica, iniciativa legislativa amplamente apoiada pelo governo Lula e promulgada por ele em 2006, assim como a ampliação dos direitos trabalhistas de empregados domésticos, em sua grande maioria empregadas, em 2015, já no segundo mandato de Dilma Rousseff. No caso da população LGBT, cabe destacar, além do programa Brasil sem Homofobia, criado em 2004, as conferências nacionais de 2008, 2011 e 2016, nas quais governo e representantes do movimento LGBT discutiram políticas públicas específicas para o grupo.[24]

As políticas públicas para mulheres, negros e população LGBT começam a ser restringidas ainda no segundo mandato de Dilma Rousseff (2015-6), na medida em que as secretarias de Direitos Humanos, de Mulheres e de Igualdade Racial foram fundidas numa única secretaria, o que representava uma redução do espaço político dessas demandas. A habilidade e o compromisso político da secretária nomeada, Nilma Lino Gomes, contribuíram para conter ao menos parte dos danos causados pela fusão das secretarias em uma só. Quando Temer assume o poder em 2016, a secretaria foi simplesmente abolida, de sorte que mulheres, negros e a população LGBT já não tinham mais interlocutores claramente definidos no primeiro escalão no âmbito federal. A foto, na ocasião muito comentada, do ministério de Temer formado exclusivamente por homens brancos é a iconografia perfeita da restauração das relações de poder ligeiramente modificadas na primeira era PT.

Infelizmente, não é possível desenvolver aqui uma discussão detalhada das diferentes formas de violência que afetam os diversos grupos populacionais nesse breve panorama das desigualdades entrelaçadas no Brasil contemporâneo. Refiro-me, por isso, a algumas tendências gerais, de sorte a oferecer ao menos uma imagem impressionista do desenvolvimento das desigualdades existenciais no período em questão. Durante a primeira era PT houve um crescimento geral da criminalidade violenta, medida pelo número de homicídios, roubos e delitos de agressão. No entanto, o risco de ser vítima de um crime violento difere consideravelmente de grupo para grupo e também de região para região, dependendo do tipo de violência. Assim, jovens com idade entre quinze e 29 anos representam mais de metade das vítimas de homicídios. Mulheres, por outro lado, são muito mais afetadas pela violência doméstica do que homens.[25] A diferença no potencial de risco é particularmente acentuada quando se compara brancos e negros: em 2015, foram assassinados quinze brancos e 38 negros por 100 mil habitantes. Essa taxa tem permanecido estável para os brancos desde então, mas para os negros cresce na transição do governo Rousseff para Temer, passando de 38 para 43 mortes por 100 mil habitantes entre 2015 e 2017.[26] Algo similar se verifica com a população LGBT. O Grupo Gay da Bahia, organização não governamental que coletava regularmente dados de vitimização entre essa população, mostra um número crescente de homicídios desde os anos 2000. Entre 2015 e 2017 há um salto abrupto nesse dado, quando o número de pessoas LBGT assassinadas em todo o país anualmente salta de 343 para 445.[27]

O breve panorama das múltiplas dimensões das desigualdades entrelaçadas na primeira era PT desenha um quadro ambivalente. No período, há uma ligeira redução das desigualdades de renda e indicações de que as desigualdades políticas, ao menos em relação a alguns grupos, puderam ser reduzidas. Esses ganhos políticos são voláteis, no entanto, uma vez que foram institucionalizados da mesma maneira que os programas de assistência à pobreza e não como direitos assegurados por instituições sólidas de um Estado de bem-estar robusto, mas como benefícios dentro de programas sociais transitórios.[28] Com base no vocabulário que Partha Chatterjee aplica à política indiana,[29] podemos afirmar que, no âmbito dos programas sociais introduzidos pelas administrações do PT, os beneficiários representam populações-alvo, que recebem benefícios. Não são cidadãos plenos, detentores de direitos inegociáveis. Com essa distinção, não se nega a enorme relevância desses programas para reduzir a pobreza e conferir, ao menos temporariamente, mais recursos e visibilidade pública a minorias. A intenção é enfatizar insuficiências dessas políticas para a produção de um deslocamento significativo das estruturas de poder em favor dos pobres e das minorias no Brasil. Têm razão também aqueles que afirmam que as políticas adotadas, ao estabelecerem condicionalidades de acesso (como submissão regular a certos exames médicos, frequência regular à escola etc.) e sanções, no caso de essas condicionalidades não serem observadas, representam mais claramente um "dispositivo para controlar a população" do que um instrumento para fortalecer politicamente os cidadãos.[30]

A implementação de instrumentos como o Bolsa Família, das cotas nas universidades[31] e de outras políticas sociais como programas, não como direitos constitucionais, tem também como consequência perversa o fato de que os obstáculos institucionais e políticos para removê-los são pequenos. A fragilidade dos ganhos obtidos durante os governos do PT pelos pobres e pelos grupos mais afetados pelas desigualdades socioeconômicas e políticas — a exemplo da população afrodescendente e das mulheres — se tornou evidente quando Temer assumiu o governo após o impeachment de Rousseff. Usando medidas administrativas de implementação relativamente simples, seu governo, a despeito de possuir legitimidade e popularidade próximas de zero, cortou importantes benefícios sociais e políticos que esses grupos obtiveram nos anos anteriores, como será detalhado adiante.

A avaliação do desenvolvimento das desigualdades socioecológicas também é complexa e imprecisa, principalmente quando não se trata de uma localidade específica, mas de indicadores para todo o país. Em linhas gerais, é possível dizer que a expansão da produção e exportação de commodities criou novos riscos e gerou danos sobretudo às populações residentes nas áreas de expansão da fronteira agrícola e de exploração mineral. O uso intensivo de fertilizantes, pesticidas e sementes geneticamente modificadas, além de técnicas temerárias de exploração de recursos minerais, fez crescer os riscos manufaturados e os níveis de contaminação e comprometimento da saúde das pessoas mais expostas a esses perigos — trabalhadores rurais, populações indígenas e quilombolas e a população pobre que mora próximo dos focos de contaminação.[32] Também para a população urbana, especialmente os mais pobres residentes nas áreas periféricas, a expansão sem precedentes do número de automóveis e motocicletas no período alongou de maneira expressiva o tempo gasto com locomoção, além de piorar as condições ambientais, dados os níveis de ruído e contaminação do ar, produzindo também uma explosão do número de acidentes fatais.[33]

Depois de discutida a evolução das distintas dimensões das desigualdades (as desigualdades de quê, conforme visto no primeiro capítulo), podemos passar ao segundo nível compreendido pelas desigualdades entrelaçadas: desigualdades entre quem. Nesse âmbito, é relevante destacar que, dada a interpenetração entre as desigualdades referentes às adscrições de classe, raça, gênero ou região, políticas destinadas a reduzir as desigualdades de classe (como o Bolsa Família ou o aumento real do salário mínimo) contribuíram para promover melhorias mais substantivas do nível de renda de um número maior de negros e mulheres, em comparação com as medidas criadas exclusivamente para diminuir desigualdades vinculadas a gênero e raça, como as políticas de ação afirmativa.

As ações afirmativas são fundamentais para mitigar as assimetrias políticas e combater o racismo e o sexismo presentes nas instituições e nas relações cotidianas. Na medida em que mais negros, mulheres e indígenas possuam um título acadêmico ou ocupem posições de liderança em organizações e espaços sociais estruturados hierarquicamente, estarão contribuindo para remover preconceitos construídos ao longo de séculos de supremacia branca e masculina e para transformar a igualdade garantida legalmente em experiência vivida no cotidiano. Em virtude de seu desenho e dos objetivos dessas medidas, elas apresentam um poder relativamente limitado de reduzir desigualdades socioeconômicas agregadas.

A consideração da dimensão histórica das desigualdades (desigualdades quando) permite inferir as tendências de longo alcance inscritas nos movimentos recentes observados na estrutura social brasileira. Se forem consideradas as assimetrias históricas entre ricos e pobres, é forçoso constatar que, a despeito do importante reconhecimento político da "dívida social" acumulada, os governos comandados pelo PT entre 2003 e 2016 historicamente pouco contribuíram para remover as desigualdades persistentes nesse âmbito. Para reverter essas assimetrias são necessárias políticas que alterem estruturalmente a distribuição da renda e da riqueza, promovendo reformas profundas (tributária, agrária, urbana etc.), que os governos petistas não quiseram ou não puderam implementar.

Por fim, no que diz respeito aos vínculos entre desigualdades nacionais e globais (desigualdades onde), as mudanças estruturais da economia brasileira observadas nos últimos anos — desindustrialização precoce, reprimarização, aprofundamento da financeirização — agravaram a dependência econômica do Brasil, fazendo com que as possibilidades de mitigar as desigualdades domésticas fiquem cada vez mais subordinadas a fatores que o país não controla, como preços das commodities no mercado internacional, atração de investimentos externos, volatilidade cambial etc.

Além disso, como mencionado, economias exportadoras de matérias-primas levam à formação de sociedades marcadas por desigualdades sociais profundas e duradouras, como mostram séries estatísticas de longa duração. Isso se deve a fatores históricos (colonialismo, concentração dos recursos naturais nas mãos de poucos etc.), que são reproduzidos e ampliados no contexto da "globalização neoliberal", na medida em que a exportação de commodities fortalece o peso político de grupos pouco comprometidos com a redistribuição — mineradoras, agronegócio etc.[34] Nesse sentido, o poder político desproporcional assumido durante a primeira era PT por pessoas e grupos como os irmãos Joesley e Wesley Batista e a JBS, Eike Batista e a Vale, os primos Eraí e Blairo Maggi não conforma uma singularidade ou excrescência nacional, é a regra geral das sociedades dependentes da exportação de bens primários.[35]

A guinada à direita (2016-22)

A partir de 2015, os movimentos que vinham sendo desenhados na estrutura social, mesmo com as limitações apontadas acima, estancam ou até se revertem. A economia entra em franca recessão e o PIB, que chegou a crescer à taxa de 7,5% em 2010, retrocede para menos 3,5% em 2015 e menos 3,3% em 2016. Depois disso, volta a crescer a taxas que ficam em torno de 1,5% até 2020, quando a crise agravada pela pandemia faz a economia do país encolher 3,3%.[36] À crise econômica se junta a crise política. A presidente Dilma Rousseff, eleita por pequena margem de votos em 2014 para um segundo mandato que deveria ir até 2018, vê seu governo se inviabilizar politicamente até que em 2016 é deposta no âmbito de um processo de impeachment. Ainda que tenha seguido, ao menos em parte, os ritos legais, sua destituição tem até hoje a legitimidade e a legalidade questionadas. Por boas razões: conforme a legislação brasileira, o impeachment só se aplica aos casos em que os presidentes cometem um delito passível de ser tipificado como crime de responsabilidade. No caso de Dilma, contudo, ficou evidente que o que levou a seu impeachment foi a rejeição popular e sua incapacidade de formar uma maioria parlamentar. O crime de que foi acusada, manipulação das contas públicas para ocultar o déficit orçamentário, não foi adequadamente comprovado e tampouco cumpre os requisitos legais para a tipificação como crime de responsabilidade.[37]

Rousseff foi substituída pelo vice-presidente Michel Temer, de traço conservador, que adotou um programa de governo que claramente penalizou os mais pobres e as minorias, que haviam tido seus direitos fortalecidos durante os governos comandados pelo PT. Temer suprimiu agências que haviam sido criadas para atender à população menos privilegiada, congelou gastos sociais e reduziu direitos sociais dos trabalhadores. Ademais, acossado por pesadas denúncias de corrupção, tornou-se refém das pressões de deputados e senadores para o atendimento aos interesses de grupos econômicos específicos, particularmente o lobby do agronegócio. Esse é o contexto político e econômico que antecede a eleição de Jair Bolsonaro, deputado de extrema direita eleito pelo Rio de Janeiro e até então sem grande relevância política no âmbito federal. A legitimidade de sua eleição é igualmente discutida, já que o ex-presidente Lula, que vinha liderando as pesquisas de intenção de votos, foi denunciado por corrupção, julgado e preso, no âmbito das ações de combate à corrupção denominadas Operação Lava Jato, não tendo podido, por isso, concorrer à Presidência.[38]

Uma vez empossado, Bolsonaro mostrou, desde seus primeiros dias no cargo, uma profunda incapacidade para conduzir um governo pautado por um conjunto de ações consistentes e coerentes.[39] Nomeou influencers de direita e pessoas sem a formação e a experiência adequadas para ministérios responsáveis por grandes orçamentos e pela articulação de tarefas muito complexas.

O quadro se complicou dramaticamente a partir de março de 2020, com a chegada da pandemia de covid-19 no Brasil. A irresponsabilidade e a incapacidade do governo Bolsonaro para adotar as medidas necessárias para conter os danos causados pela pandemia, associadas à sua postura de negação da medicina e da ciência, levaram a uma crise sanitária e a um custo de vidas sem precedentes na história recente do Brasil. Para se salvar de um iminente impeachment, o presidente entregou, de fato, o poder de controlar o Orçamento da União e utilizar os recursos públicos às hostes mais clientelistas da Câmara dos Deputados.[40]

Em que pese o desgaste político motivado pela gestão desastrosa da crise sanitária associada à pandemia de covid-19 e às muitas mostras de incompetência na condução de seu governo, o sistema de poder armado por Bolsonaro e seus aliados se mostrou refratário a crises. Em linha com o repertório de discursos e recursos adotados pelas forças de extrema direita no plano internacional, o bolsonarismo, como máquina política e eleitoral, se vale de uma combinação muito eficiente de capilaridade social fundada na comunicação direta com eleitores através de diferentes meios e redes digitais (WhatsApp, Telegram, TikTok, YouTube, Instagram, Facebook) e na encenação pública de Bolsonaro como político antissistema. Essa construção da imagem antissistema é reproduzida e alimentada pela forma não protocolar e pela linguagem direta, quase sempre chula, adotada pelo ex-presidente e pela maior parte dos políticos que o seguem. Rituais, como grandes manifestações de rua, motociatas e entrevistas que mais se parecem com uma conversa entre amigos próximos em veículos de comunicação "aliados", conferem plausibilidade e substância à essa imagem. As constatações de Achille Mbembe sobre os rituais de poder observados em seu país de origem, Camarões, descrevem bastante bem as relações entre Bolsonaro e políticos próximos a ele que copiam seu estilo e seus eleitores:

> Em seu desejo de majestade, o mundo popular toma emprestado o repertório ideológico do oficialismo, juntamente com seus idiomas e formas; por outro lado, o mundo oficial imita a vulgaridade popular, inserindo-a no centro dos procedimentos pelos quais assume a grandeza. É desnecessário, portanto, insistir, como faz Bakhtin, nas oposições (*dédoublement*) ou, como faz a análise convencional, na suposta lógica da resistência, do desengajamento ou da disjunção. Em vez disso, a ênfase deve estar na lógica da convivialidade, na dinâmica da domesticidade e da familiaridade, inscrevendo o dominante e o dominado na mesma episteme.[41]

Os indicadores de desigualdade, renda e pobreza refletem claramente os impactos da crise tripla, isto é, a crise econômica que se arrastava desde 2014, a crise política e a guinada do governo à direita durante as administrações de Temer (2016-8) e Bolsonaro (2019-22) e a crise sanitária que se instaurou de março de 2020 até meados de 2022.

A análise da perda de ingressos do trabalho assalariado revela o impacto muito diferenciado da crise tripla e particularmente do desemprego nos diferentes estratos de renda. Entre o quarto trimestre de 2014 e o segundo semestre de 2019, os 50% mais pobres perderam 17,1% de sua renda e os 40% intermediários, 4,2%, enquanto os 10% mais ricos viram sua renda crescer em 2,6%, e para o 1% no topo da pirâmide a renda cresce 10,1%.[42] Essas tendências persistem e se aprofundam no período da pandemia. Entre o quarto trimestre de 2019 e o segundo trimestre de 2021, os 50% mais pobres perdem 21,5% de sua renda de trabalho, os 40% intermediários, 9,0% e os 10%

mais ricos, 7,2%.[43] Já para o 1% e, mais ainda, o 0,1% mais rico, observa-se um importante crescimento da renda, incluindo-se aqui outras remunerações que não só o trabalho, em todo o período caracterizado aqui como guinada à direita: "Entre 2017 e 2022, o aumento real de renda entre os mais ricos chegou a 49%, enquanto entre os mais pobres (e a classe média) foi de apenas 1,5% em média".[44] Quando considerada a variação na riqueza, a imagem da concentração de quase tudo na mão de muito poucos é ainda mais grave: entre 2006 e 2021, o 0,1% mais rico viu sua apropriação do total da riqueza aumentar de 12% para 18%.[45]

Durante o governo Bolsonaro se acelera também uma tendência que já vinha sendo observada desde o governo Temer, ou seja, a queda na participação da remuneração do trabalho no PIB, enquanto a participação da remuneração do capital sobe. Vale a pena reproduzir aqui a compilação feita por João Hallak Neto[46] dos dados divulgados pelo Instituto Brasileiro de Geografia e Estatística (IBGE) sobre as contas nacionais e que refletem os movimentos na participação da renda dos assalariados no PIB no período 1995-2020. Os números de Hallak Neto mostram que há um aumento substantivo da participação da remuneração do trabalho na primeira era PT, que salta de 38% para 45% do PIB entre 2004 e 2016. A partir de 2016, contudo, os ganhos vão sendo revertidos, de sorte que em 2020 a participação já havia caído para menos de 42%.

O impacto do governo Bolsonaro no agravamento das assimetrias políticas salta aos olhos. Afeta tanto as relações entre capital e trabalho quanto entre ricos e pobres, como também entre grupos organizados a partir de categorias de gênero, raça e sexualidade. Naquilo que logrou implementar, o governo Bolsonaro pode ser caracterizado como uma continuação radicalizada da gestão Temer: desmantelou os mecanismos de participação da sociedade civil nas decisões governamentais, reduziu direitos sociais e facilitou, através da desestruturação de órgãos de controle, o acesso, o uso e a apropriação criminosa de bens comuns e públicos, como áreas de preservação, reservas indígenas, terras públicas etc.[47]

O reordenamento distributivo em favor do capital, dos mais ricos, dos homens, dos brancos e das famílias heteronormativas que ele queria promover já estava inscrito mesmo na arquitetura de seu primeiro gabinete. Assim, o Ministério do Trabalho foi extinto, o Ministério da Saúde foi entregue a notório defensor da medicina privada, o Ministério do Meio Ambiente, a advogado notabilizado pelo desprezo pelo direito ambiental, o Ministério da Educação, a uma sequência de pessoas ineptas até para entender os processos mais simples da gestão pública, enquanto o Ministério da Economia passou às mãos de um banqueiro e especulador financeiro. O Ministério da Mulher, da Família e dos Direitos Humanos foi assumido por pastora pentecostal e o Ministério das Relações Exteriores, por diplomata pouco experiente, que acreditava que Donald Trump representava a redenção dos valores ocidentais.[48] O Ministério da Justiça foi entregue ao juiz que condenou Lula — a condenação foi anulada em 2021, pois o juiz foi considerado parcial. A esse time se juntaram sete (posteriormente oito) ministros militares no gabinete de 22 ministros de um governo civil. As alterações na composição desse primeiro gabinete observadas durante os quatro anos de mandato de Bolsonaro seguiram a lógica de conter crises de governabilidade mais iminentes, sem que as novas pessoas nomeadas tenham contribuído para elevar o nível de qualificação dos titulares dos diferentes ministérios. A única exceção digna de nota foi a substituição do ministro das Relações Exteriores, Ernesto Araújo, em março de 2021 por Carlos França.

Essa arquitetura de governo, na qual políticas ambientais e sociais são desclassificadas e entregues a pessoas sem as credenciais mínimas para exercer suas funções, enquanto os ministérios vinculados à economia (Economia, Agricultura, Infraestrutura, Minas e Energia) passam às mãos de pessoas com alguma competência técnica para exercer seus cargos ou que eram representantes diretos de interesses de grupos econômicos, deveria aplainar o caminho para aprofundar o reajuste distributivo que já havia sido iniciado por Temer. As medidas concretas adotadas durante os quatro anos de governo consolidariam essas tendências. Enumeram-se algumas delas a título de exemplo: a renúncia a qualquer aumento real do salário mínimo,[49] privatização e concessão de serviços públicos lucrativos a empresas privadas,[50] liberação de centenas de pesticidas cujos prejuízos à saúde humana e ao meio ambiente estavam fartamente documentados,[51] sucateamento dos órgãos de fiscalização ambiental e aumento sem precedentes da influência de violadores do direito ambiental sobre esses órgãos.[52] A isso se somam medidas como a desativação dos colegiados do governo que contavam com participação da sociedade civil e a inação ou desativação de órgãos e programas dedicados à proteção de minorias, como grupos LGBT, quilombolas e indígenas, enquanto as facilidades para compra e porte de armas são largamente ampliadas.

Em seu conjunto, essas medidas e políticas visavam claramente concentrar riqueza e poder nas mãos de quem, em cada um dos diversos eixos da desigualdade (isto é, classe, gênero, raça etc.), se encontrava no topo das hierarquias sociais. Os discursos e medidas em favor das supostas famílias e pessoas de bem e contra direitos mínimos a alegados bandidos, se cumpriam o papel ideológico de transmitir alguma segurança sobretudo para as camadas médias e ricas, efetivamente se prestaram para limitar de maneira dramática os direitos existenciais dos grupos desfavorecidos. O aumento do número de pessoas mortas pela polícia, principalmente entre homens negros, nos quatro anos de mandato de Bolsonaro, representa apenas uma das muitas expressões dessas restrições das liberdades existenciais dos grupos situados nas posições inferiores das hierarquias sociais.

Lula III

A máquina político-eleitoral de Bolsonaro já havia mostrado sua força nas eleições de 2018, quando, além do próprio Bolsonaro, muitos governadores e bancadas legislativas no plano estadual e federal ligados a ele foram eleitos. Nas eleições de 2022, ela confirmou outra vez sua eficácia. Contrariando previsões que indicavam uma vitória relativamente folgada de Lula, a diferença entre o então presidente Bolsonaro e seu adversário foi de menos de 2% dos votos válidos, caracterizando a eleição presidencial mais disputada da história brasileira. No âmbito dos governos e Legislativos estaduais, bem como na Câmara dos Deputados e no Senado, o bolsonarismo ganhou ainda mais mandatos que em 2018. Os partidos mais à esquerda do espectro político, que apoiaram Lula já desde o primeiro turno das eleições, chegaram a resultados, em seu conjunto, muito mais modestos que aqueles alcançados pelo bolsonarismo.

A vitória apertada, a falta de apoio parlamentar e a contínua mobilização do bolsonarismo, mesmo depois da derrota eleitoral de seu maior líder, culminando com a intentona de golpe de 8 de janeiro de 2023, quando as sedes dos Três Poderes em Brasília foram invadidas e vandalizadas, criaram e vêm criando constrições evidentes para a implementação de reformas sociais de maior vulto no terceiro mandato de Lula como presidente.

Ainda assim, seu governo vem dando mostras de que, a despeito das resistências existentes, incomparavelmente maiores que na primeira era PT (2003-16), quer implementar medidas que contribuam para reduzir as hierarquias sociais.

A própria composição de seu ministério reflete essa disposição. É verdade que um número significativo, onze entre 37 ministérios, estão hoje, abril de 2024, nas mãos do chamado Centrão, o grupo que representa cerca de metade dos membros do Congresso ligados a diversas legendas e que aceita oferecer apoio a governos eleitos em troca de cargos e poder de decisão sobre o Orçamento público, independentemente de ideologias. Não obstante, a criação ou recriação de ministérios dedicados a políticas de igualdade racial e de gênero, à defesa dos direitos humanos, ao desenvolvimento social e aos povos indígenas sinalizam a preocupação em reduzir as desigualdades e hierarquias sociais em vários âmbitos. Em sua composição inicial, entre os 37 ministros e ministras nomeados por Lula, dez se declaravam negros (contra um único ministro no governo Bolsonaro), uma ministra era indígena e onze eram mulheres.[53]

Algumas das medidas adotadas nos primeiros quinze meses do governo também expressam a preocupação em mitigar desigualdades sociais de várias naturezas. Assim, buscou-se, por exemplo, mesmo antes da posse, negociar a flexibilização do Orçamento para possibilitar o aumento dos gastos sociais, estabeleceu-se cota de 30% dos cargos de confiança para negros e buscou-se implementar uma reforma tributária com algum impacto distributivo. O impacto real da reforma tributária promulgada em finais de 2023 é ainda objeto de discussões entre especialistas. Conforme compilação dos estudos divulgados até fins de 2023, elaborada pelo jornal *Folha de S.Paulo*,[54] o impacto distributivo, do ponto de vista federativo, isto é, do fortalecimento da arrecadação dos estados e municípios mais pobres, é expressivo. Do ponto de vista dos segmentos de renda, espera-se uma queda substantiva da tributação dos 10% mais pobres, dada a redução dos impostos indiretos sobre os produtos que mais consomem. Para os mais ricos, entretanto, o acréscimo da tributação será mínimo.

Movimentos nas situações de classe, gênero e sexualidade, raça e etnicidade

Os desenvolvimentos recentes expostos acima, em que pese o caráter seletivo e panorâmico da descrição apresentada, talvez já sejam suficientes para indicar tendências mais gerais no sentido de ora desordenar e reduzir, ora reordenar e restaurar as hierarquias existentes. Outro aspecto que talvez já tenha também saltado aos olhos, em linha com as observações de Floya Anthias referidas na introdução deste capítulo, são as zonas de mais fluidez e as zonas de mais rigidez nas hierarquias existentes. Esses movimentos são discutidos a seguir, considerando os deslocamentos nas posições de classe e as desigualdades referentes a gênero, raça e etnicidade.

Classes

O objetivo desta seção é identificar tendências de deslocamentos nas situações de classe que, conforme a hipótese adotada, levaram ao recrudescimento dos conflitos políticos particularmente a partir de 2013. Por isso, não há a preocupação, aqui, em nomear classes ou estratos sociais que cobrem toda a população brasileira, mas somente aqueles cuja mobilidade ascendente ou descendente pode ajudar a explicar as divisões políticas. Seguindo essa lógica, interessa acompanhar os movimentos nas estruturas de desigualdade percorridos por quatro classes: pobres, emergentes, estabelecidos e milionários.

Os *pobres*, na acepção aqui adotada, correspondem àquela parte da população que se equilibra no limite da linha de pobreza e vive de transferências do Estado, não apresentando rendimentos próprios, e/ou ocupa as posições menos valorizadas no mercado de trabalho, com forte participação no trabalho doméstico.

A referência a *emergentes* remete, teoricamente, à constelação estabelecidos-outsiders,[55] de Norbert Elias e John Scotson, discutida no capítulo anterior, e serve para caracterizar a dinâmica que se instaurou quando pessoas até então classificadas como pobres ascenderam socialmente, incrementando seu nível de renda e de consumo, e passam a disputar espaços sociais e bens de consumo antes reservados aos estabelecidos. As reações dos estabelecidos contempla todo o leque de proteção de privilégios descrito por Elias e Scotson em seu estudo de caso na Inglaterra: elogio público aos que aceitam a antiga hierarquia, ridicularização e estigmatização pública dos "invasores" por meio de piadas, alcunhas pejorativas etc.

A referência à *classe média estabelecida* opera como contraparte dos emergentes no âmbito da figuração estabelecidos-outsiders, já que ambos os grupos formam uma teia de relações interdependentes no sentido definido por Elias. Não é o caso de definir aqui um intervalo de renda preciso para o grupo dos estabelecidos, pois não é esse o critério principal usado para sua definição como classe ou estrato neste livro. Não obstante, com o intuito de avaliar os deslocamentos na estrutura social, pode-se afirmar que esse grupo corresponde, no modelo clássico de cinco segmentos de renda de A a E, àqueles que já se encontravam na classe C em 2003, além dos membros das classes A e B, descontados os milionários, como analisado mais adiante.[56] Nesse grupo heterogêneo, é de esperar que as disputas no âmbito da figuração estabelecidos-outsiders sejam tão mais acirradas quanto mais próximos os estabelecidos se encontrem dos emergentes na estrutura social.

Os milionários correspondem aqui ao 1% mais rico da população brasileira. Há, seguramente, certa arbitrariedade sociológica em tratar o 1% mais rico de uma população determinada como uma classe ou estrato específico, entre quatro grupos considerados. Não obstante, a importância que vem adquirindo nos debates internacionais sobre desigualdade e a parcela importante da riqueza apropriada por esse 1% mais rico no Brasil, além de sua maior resistência a crises, justificam tratá-los como um grupo à parte na estratificação social brasileira.

De maneira geral, observa-se, como se mostrou, um aumento da renda de todos esses quatro grupos na primeira era PT (2003-15/6), ainda que a renda dos pobres e dos milionários tenha aumentado muito mais que a renda dos emergentes e da classe média estabelecida. Durante a guinada à direita o quadro muda, a renda de todas as classes, à exceção dos muito ricos, cai, a renda dos mais pobres caindo muito mais que a renda dos emergentes e da classe média estabelecida.

Nesse grupo do 1% mais rico se encontram empresários que empregam pessoas, mas também rentistas. Marginalmente, funcionários públicos e de empresas privadas muito bem remunerados, além de pessoas que acumulam aposentadorias, fazem também parte desse grupo. Sua composição racial reflete as hierarquias da sociedade brasileira: em 2013, 85% do 1% mais rico era constituído de pessoas brancas.[57]

Os dados relativos à escolaridade particularmente de pobres e emergentes são relevantes para entender os conflitos políticos sobretudo entre emergentes e a classe média estabelecida. Pobres e emergentes veem seu número de anos de estudo evoluir na primeira era PT mais que os números relativos à classe média estabelecida e aos ricos. Particularmente relevante é a participação crescente dos mais pobres entre a população universitária e o decorrente decréscimo da participação proporcional dos estabelecidos nesse grupo. Em 2004, a participação dos 20% mais ricos da população correspondia a 54,5% das matrículas nas instituições públicas e 68,4% nas instituições privadas. Em 2014, essa participação passa para 36,4% e 40,9%, respectivamente.[58] A partir de 2015, e mais fortemente a partir de 2016 no âmbito da guinada à direita, os cortes nas políticas específicas afetam as possibilidades de inclusão dos mais pobres sobretudo nas instituições privadas, mas ainda assim o número de estudantes matriculados continua crescendo de maneira expressiva, passando de cerca de 8,1 milhões em 2016 para 9,4 milhões em 2022, sendo 78% das matrículas em instituições privadas e 22% em instituições públicas.[59] O crescimento da participação de negros entre estudantes universitários apresenta também números muito expressivos. Enquanto a proporção de estudantes universitários brancos cai, entre 2003 e 2018, de 59% para 43% do total, o de negros (pardos e pretos) salta de 34% para 51%.[60]

Espera-se, dadas a reativação de programas de apoio financeiro a universitários carentes e a ampliação da lei de cotas para egressos de escolas secundárias públicas, que pobres e emergentes voltem a ver sua participação na população universitária crescer ainda mais rapidamente nos próximos anos.

No que se refere às posições em relações e espaços sociais fortemente hierárquicos, há deslocamentos importantes e perdas consideráveis sobretudo para os estabelecidos na primeira era PT. Assim, espaços como shopping centers, aeroportos, espaços de lazer etc., sobre os quais os estabelecidos tinham um verdadeiro monopólio de uso, passam a ser cada vez mais frequentados pelos emergentes. Além disso, os estabelecidos viram sua posição descender no âmbito de uma relação laboral específica, ou seja, o trabalho doméstico remunerado, que emprega cerca de 7% de toda a população ocupada no Brasil. No período entre 2003 e 2013, aumenta significativamente a proporção de empregados domésticos com mais de um emprego e se torna ínfima a proporção daqueles que residem no local de trabalho.[61] A renda dos empregados domésticos, mesmo entre aqueles que só têm um emprego, praticamente duplica no período e há um ligeiro crescimento de trabalhadores com contrato formal de trabalho. Isso implica a paulatina desaparição do modelo da empregada doméstica exclusiva que, sem contrato e horário de trabalho claramente definidos, se encontrava em caráter permanente à disposição de quem as empregava. Não poder contar mais com essa prestação de serviço abrangente e a baixíssimo custo representa perda de posição social para as camadas médias e revisões importantes dos arranjos familiares baseados na externalização dos custos da desigualdade de gênero. Ademais, uma lei em vigência desde 2015 igualou os direitos trabalhistas dos empregados domésticos aos demais trabalhadores, o que implicou custos adicionais mensais para o empregador. Esse custo adicional, associado à valorização do salário mínimo, representou uma barreira adicional para os estratos médios contratarem empregados domésticos. É preciso dizer que o balanço do efeito da legislação de 2015 que se fez anos depois mostra que seu impacto foi mais modesto do que se esperava, na medida em que a crise econômica aprofundada a partir de 2014 diminuiu ainda mais o poder de barganha das empregadas domésticas e o resultado foi um aumento da informalidade. Além disso, a reforma trabalhista de 2017 cortou novamente direitos introduzidos pela legislação de 2015. Mais recentemente, o aceleramento do processo de intermediação do trabalho doméstico através de plataformas digitais contribuiu também para comprimir a remuneração e os direitos sociais das trabalhadoras domésticas.[62]

As variações naquele mecanismo de lidar com desigualdades referido no capítulo 2 como acesso a associações privilegiadas afetam, durante o segundo mandato de Dilma Rousseff, os milionários. A associação seletiva com o Estado constitui estratégia efetiva de encerramento social dos milionários e garante acesso privilegiado a um restrito grupo da população a fundos públicos. No entanto, no âmbito da Operação Lava Jato, a partir de 2015, vieram à tona acordos informais e mesmo redes criminosas entre políticos, partidos e empresariado, sobretudo do setor da construção civil, levando até grandes empresários à prisão.[63]

Ainda que sejam necessários estudos específicos para demonstrá-lo, é razoável supor que muitas medidas implementadas por Temer e por Bolsonaro, como a privatização de serviços e empresas públicos lucrativos ou concessões, feitas seja através de mudanças na legislação, seja pela omissão no exercício do poder de fiscalização do Estado, ao agronegócio e a empresas mineradoras para explorar parques e reservas naturais, podem ser interpretadas como um esforço para restabelecer o acesso do grande capital a bens públicos ou patrimônios comuns.

Gênero, sexualidade, raça e etnicidade

Para analisar de forma adequada os deslocamentos nas posições sociais relativas a gênero, sexualidade, raça e etnicidade, seria necessário estudar transformações sociodemográficas muito amplas, como a evolução da população por região conforme grupos de raça, mudanças nos padrões de família etc. Os objetivos desta seção são, contudo, muito mais limitados. Busca-se tão somente evidenciar que, no período entre 2003 e 2024, há deslocamentos importantes nas situações interseccionais no Brasil, considerando-se vetores ou dimensões variadas das desigualdades. Dadas as limitações de dados, restrinjo-me a apontar movimentos mais evidentes no que diz respeito aos deslocamentos da renda, conforme sexo e gênero, à atenção por políticas públicas, à posição em relações e espaços sociais particularmente hierárquicos e a um aspecto particular das desigualdades existenciais.

Em relação à renda, como mostra a tabela 1, nota-se que, ainda que as disparidades continuem brutais, houve uma redução das desigualdades entre brancos e negros entre 2002 e 2014 e um aumento dessas desigualdades entre 2014 e 2021. A desigualdade entre mulheres brancas e homens negros também cresce entre 2014 e 2021. As razões para as variações das desigualdades de renda relativas a sexo e gênero são múltiplas. Entre 2002 e 2014, políticas de combate à pobreza, o incremento real do salário mínimo e o aumento da oferta de empregos formais mesmo para mão de obra menos qualificada favoreceram particularmente negros e mulheres, por estarem super-representados nos grupos de renda mais baixos.[64] No período de 2014 a 2021, há uma reversão dessas tendências favoráveis aos grupos mais pobres, assim como para negros e mulheres, fazendo crescer novamente as desigualdades entre estes e homens brancos. Para o período Lula III, espera-se que a retomada de maiores gastos com políticas sociais e a política de elevação real do salário mínimo contribuam para a redução das diferenças de renda relativas a sexo e raça.

Tabela 1. Rendimento mensal médio conforme sexo e cor
(todas as fontes da população de 16 ou mais anos de idade)
Brasil, 2002, 2014, 2021 (em R$ 1,00)

	2002	2014	2021
Homem branco	2245	2900	3205
Mulher branca	1412	2607	1951
Homem negro	1068	1649	1707
Mulher negra	708	1228	1062

Fonte: Ipea, op. cit.

Com relação às desigualdades políticas, conforme se apontou acima, as diferenças entre os três períodos são muito significativas. Enquanto a primeira era PT, particularmente até 2014, e os primeiros meses do terceiro mandato de Lula são marcados por uma expansão significativa dos programas e políticas desenhados para combater a discriminação e as desigualdades relativas a gênero e raça e também a padrões diversos de sexualidade, a fase da guinada à direita (2016-22) é marcada pelo desaparecimento ou significativa redução desses programas e políticas. Ressalte-se que também as questões relativas a etnicidade e, mais particularmente, a proteção dos direitos de quilombolas e indígenas, ao menos no terreno das políticas públicas, mereceram destaque na primeira era PT e vêm recebendo ainda mais atenção no terceiro mandato de Lula. No período da guinada à direita, o descaso para com esses grupos foi evidente.

Em termos de presença em organizações, espaços e relações particularmente hierárquicos, já se destacou acima o importante aumento da presença de pessoas negras nas universidades. A presença crescente e a maior visibilidade de indígenas, negras e negros e da população LGBT nos diversos meios de comunicação, seja através da cobertura jornalística, seja na publicidade, em obras ficcionais e artísticas, como filmes e telenovelas, ou ainda na música popular, no mercado editorial e nos meios digitais, é também evidente em todo o período, como destaca um leque já amplo de estudos.[65] Isso não garante obviamente que a representação desses grupos nesses diferentes espaços seja livre de estereótipos ou mesmo de racismo e sexismo, nem exclui a possibilidade de que a motivação para "diversificar" seja meramente comercial. A maior visibilidade tampouco implica que já tenhamos atingido uma representação dos diferentes grupos na esfera pública proporcional à sua respectiva representatividade demográfica. Não obstante, a maior presença na mídia e nos espaços públicos de grupos antes invisibilizados é incontestável.[66]

O aumento da representação desses mesmos grupos na arena parlamentar é também significativo, ainda que continue longe de fazer jus à sua participação demográfica. Assim, o percentual de mulheres na Câmara dos Deputados sobe de cerca de 8% em 2003 para cerca de 18% em 2022, incluindo-se entre as 91 deputadas eleitas em 2022 duas mulheres trans.[67] O número de deputados que se autoclassificam como pretos e pardos também sobe continuamente no período, chegando a 26% em 2023.[68]

Os desenvolvimentos positivos relativos à presença na esfera pública e na política institucional contrastam com o aumento, em todo o presente século, da vulnerabilidade de negros, população LGBT, indígenas e mulheres à violência de todas as ordens. No caso da violência contra negros e negras, as diferenças no grau de vulnerabilidade para a população branca são gritantes. Apesar de representarem 56% da população, 77% do total de pessoas assassinadas e 83% das pessoas mortas pela polícia em 2022 eram negras. Mesmo no caso de crimes patrimoniais, negros, apesar de terem menos renda e bens, foram em 63% dos casos as vítimas de roubo.[69] A violência contra mulheres cresce também fortemente nos últimos anos. Entre 2017 e 2022, o número anual de feminicídios cresce de 1075 para 1437 — o número total de assassinatos de mulheres, incluindo, portanto, assassinatos não classificados como feminicídio, é muito maior que isso e chegou, em 2023, a 4034. O número de mulheres que declaram ter sido vítimas de violência ou agressão nos últimos doze meses chegava, em 2023, a 29%, tendo mais da metade delas sofrido violência no espaço doméstico. O número de mulheres que declaram ter sofrido assédio nos doze meses anteriores à pesquisa chegava a 47%.[70]

A disparidade entre a vulnerabilidade à violência da população que se declara heterossexual, particularmente homens heterossexuais, e a população que se declara LGBT é igualmente expressiva. Análise ampla desenvolvida a partir de dados da Pesquisa Nacional de Saúde de 2019 mostra que mais de 40% da população LGBT — em comparação com 16% dos homens heterossexuais — revelou ter sofrido violência psicológica, física ou sexual nos doze meses anteriores à pesquisa. No caso da violência sexual, a diferença do grau de vulnerabilidade é ainda maior: 0,34% dos homens heterossexuais sofreu esse tipo de violência contra 4% dos homens LGBT e 6% das mulheres LGBT.[71]

Conclusões

Seguindo as pistas de Floya Anthias, que identificou nos recentes trânsitos e transições da migração na Europa processos de desordenamento e reordenamento das hierarquias sociais, este capítulo procurou reconstruir, de maneira seletiva, alguns eventos marcantes da política brasileira desde que Lula chegou pela primeira vez à Presidência do país em 2003. As transformações políticas discutidas nas três fases destacadas, a primeira era PT, a guinada à direita e Lula III, constituem apenas o marco político-institucional no qual se dão os deslocamentos nas situações interseccionais reportados. As mudanças políticas não são a causa última e única dos deslocamentos. Muitos outros fatores observados nos planos nacional e global devem ser levados em conta para explicar deslocamentos nas situações interseccionais quando se consideram dimensões ou vetores múltiplos das desigualdades. Assim, por exemplo, deslocamentos nas posições vinculadas à renda e à riqueza dependem da forma como o Brasil se insere, nos diferentes períodos, na economia mundial e como o mercado de trabalho doméstico reage a esses ciclos. Transformações nas hierarquias políticas, por sua vez, dependem, é verdade, de ações do governo e muitas vezes de reformatação dos marcos legais, mas só se efetivam quando articuladas com mudanças no cotidiano das famílias e instituições. De modo similar, mudanças como maior visibilidade de certos grupos no espaço público dependem fundamentalmente de movimentos que, desde o plano societal, se articulam para reivindicar e impor sua presença. Também aqui transformações no contexto internacional são fundamentais, na medida em que podem travar ou empurrar agendas mais progressistas.

O breve apanhado dos deslocamentos interseccionais oferecido neste capítulo confirma também para o caso brasileiro a intuição de Floya Anthias ao se referir a áreas com variados graus de rigidez nas hierarquias existentes. Completando o insight da autora, podemos até afirmar que a fluidez se dá nos dois sentidos. Isto é, nos casos em que desordenar minimamente as hierarquias não foi tão difícil, reordenar tais hierarquias também custou muito pouco politicamente. Se tomamos a estrutura de classe, pobres que deixaram a pobreza na primeira era PT voltaram muito rapidamente a ela no período da guinada à direita. Também os espaços concedidos para políticas progressistas relativas à sexualidade e à maior igualdade de gênero e raça foram fechados com a mesma facilidade com que foram abertos.

As áreas de rigidez absoluta, isto é, formas de desigualdade que se mostraram imunes a mudanças de toda natureza observadas nos últimos anos, são igualmente evidentes. No plano das classes, a situação do 1% mais rico, à exceção do breve interregno em que a Operação Lava Jato cortou parte de seu acesso privilegiado a recursos públicos ou que perdeu renda durante a pandemia, melhorou muito e continuamente entre 2003 e 2024. Outras desigualdades rígidas são aquelas vinculadas aos direitos existenciais limitados pela violência. Ainda que, de forma geral, o país tenha se tornado muito mais violento desde 2003, a distância da vulnerabilidade às diversas formas de violência entre homens brancos, de um lado, e mulheres, negros e população LGBT, de outro, se ampliou muito no período.

A tese central deste livro é que esses deslocamentos nas situações interseccionais explicam, em grande medida, a adesão a discursos políticos opostos no âmbito da chamada polarização. Procurarei desenvolver melhor esse argumento no próximo e último capítulo.

5.
Situações interseccionais, tensões conviviais, escolhas políticas

Em livro inspirado e inspirador, Marcos Nobre oferece chaves analíticas preciosas para ordenar e entender os muitos acontecimentos políticos relevantes que marcam o conturbado decênio que vai das jornadas de junho de 2013 ao governo Bolsonaro, findo em 2022.[1] Seu interesse principal é estudar as relações entre sociedade, sistema político e Estado, e um dos argumentos centrais do estudo é que partidos políticos de todos os matizes buscaram se proteger da "energia das ruas, reais e virtuais", "contando poder dirigir o processo de cima".[2] Conforme o autor, essa incapacidade das forças políticas estabelecidas de reformar o sistema político para sintonizá-lo com o dinamismo das transformações sociais abriu as portas da política para a extrema direita. A análise é precisa.

Cabe, contudo, e esse não era o propósito de Marcos Nobre, explicar a origem dessa energia das ruas reais e virtuais. De algum modo, é essa a tarefa que o presente livro procura cumprir. Trata-se de entender o que move as insatisfações e angústias, mas também as aspirações e expectativas daqueles que foram às ruas protestar em junho de 2013 e que seguiram mobilizados nas redes sociais e se articularam nos movimentos contra ou a favor do impeachment de Dilma Rousseff ou contra ou a favor da eleição de Bolsonaro em 2018 e 2022. Os insatisfeitos não estavam somente nas grandes demonstrações de rua ou nas redes sociais. Eles povoaram as relações cotidianas, levando as divisões políticas para o dia a dia dos bairros, para as reuniões de condomínio e para as festas de família.

De onde vem toda essa energia para polemizar e politizar as situações mais corriqueiras? E qual é a razão para reduzir a multiplicidade de possibilidades e escolhas políticas à disputa binária entre esquerda e direita? A tese defendida neste livro é que, primeiro, essa energia vem dos deslocamentos nas situações interseccionais, conforme discutido no capítulo anterior. E, segundo, que a articulação dessas reações positivas e negativas aos deslocamentos interseccionais com determinados discursos e escolhas políticas é mutável e contingente, recordando-se que contingente não é sinônimo de fortuito ou aleatório.

Parafraseando Stuart Hall, pode-se dizer que se trata de entender as circunstâncias que levaram a que discursos diversos — desde ideologias autoritárias até discursos enfáticos de defesa da democracia, dos direitos sociais e das minorias — e diferentes segmentos da população se encontrassem, propiciando a constituição recíproca de discursos e sujeitos.

Em termos muito gerais, pode-se afirmar que a polarização entre forças autodenominadas de esquerda e direita corresponde a formas opostas de interpretar e lidar com os movimentos mínimos nas hierarquias estabelecidas (de gênero, raça, classe etc.). Quem se beneficiou ou viu com bons olhos as desigualdades e hierarquias se desordenarem, ainda que minimamente, tendeu a aderir aos discursos mais à esquerda do espectro político. Quem perdeu ou temeu perder posições nas hierarquias se mostrou mais receptivo a discursos mais à direita no espectro político. É preciso registrar que definir quem ganhou ou perdeu com os deslocamentos das situações interseccionais é tarefa complexa quando se consideram diferentes vetores (riqueza, posições em espaços e relações hierárquicos etc.) e eixos (relativos à classe, ao gênero etc.) da desigualdade. Assim, por exemplo, como mostraram Rosana

Pinheiro-Machado e Lucia Scalco,[3] homens jovens de periferia que talvez tenham se beneficiado materialmente de políticas sociais ou de acesso à universidade da primeira era PT podem (ou não) apoiar discursos de extrema direita como reação à "desestabilização da masculinidade hegemônica". A formulação "podem ou não" contempla a contingência das articulações entre discursos e sujeitos. Afinal, a categoria homens jovens de periferia é muito heterogênea para imaginar que define um padrão único de escolhas políticas.

Além desta introdução e das conclusões, este capítulo contém duas seções. A primeira discute a maneira como os deslocamentos das situações interseccionais rebatem no cotidiano gerando tensões e disputas que antes não vinham à tona. A segunda seção trata das (re)articulações entre situações interseccionais e discursos políticos.

Tensões conviviais

Os processos de desordenar e reordenar hierarquias, quando não amortecidos de forma adequada e intermediados no plano institucional, tensionam as relações cotidianas, transformando espaços de convivência materiais e virtuais em arenas de disputa e negociação das situações interseccionais, como mostram, em escala ampliada, casos de ruptura de ordens profundamente hierárquicas como, por exemplo, na África do Sul pós-apartheid.[4] Em menor escala, esse tensionamento das relações cotidianas acompanhou os deslocamentos na estrutura social nas últimas duas décadas no Brasil. É o que mostra uma gama ampla de estudos qualitativos desenvolvidos nas diversas regiões brasileiras que exploram conflitos em diferentes campos no momento em que as situações interseccionais vão se movendo. Traduzidos na linguagem utilizada no presente livro, esses conflitos correspondem a interações nas quais mecanismos reconhecidos de reprodução e afirmação das distâncias sociais perdem sua eficácia. A título de exemplo, discuto, brevemente, dois âmbitos nos quais essas tensões se tornaram bastante visíveis e se encontram bem documentadas na literatura: embates sobre gênero e política nas escolas e disputas em torno dos espaços das classes médias.

Gênero e política nas escolas

Os pequenos movimentos de desordenação das hierarquias de gênero e sexualidade que acompanham a ampliação das políticas de igualdade de gênero e dos direitos da população LGBT despertaram desde o primeiro mandato de Lula esforços de reordenação dessas hierarquias.[5] A escola se tornou palco relevante dessas disputas e teve como um de seus protagonistas principais o movimento Escola sem Partido. Fundado em 2004, o movimento foi se tornando paulatinamente um dos articuladores, no campo da educação, das forças que vão se organizando para, supostamente, combater a difusão do "marxismo cultural",[6] da "ideologia de gênero"[7] e da "sexualização precoce" das crianças nas escolas. No plano local, as disputas assumem a forma de vigilância dos professores, na medida em que alunos são estimulados a filmar cenas na sala de aula que comprovem as supostas práticas de doutrinação ideológica.[8] Ao mesmo tempo, o movimento do âmbito escolar vai se articulando com movimentos ultraliberais e de direita nos âmbitos nacional e internacional. Para tanto, vale-se de sua efetiva presença nas redes sociais e das conexões estabelecidas nesse nível com expoentes da direita e da extrema direita brasileiras,[9] bem como de seus vínculos com os então recém-criados *think tanks* de direita e particularmente o Instituto Millenium, um dos centros subsidiados no Brasil pela organização global ultraliberal Atlas Network.[10]

Igualmente relevantes são as alianças estabelecidas pelo Escola sem Partido com parlamentares ligados às bancadas conservadoras católicas ou evangélicas em diferentes casas legislativas. Através dessas alianças, o movimento pôde, por exemplo, exercer influência importante na discussão da Base Nacional Comum Curricular[11] e estimular a elaboração de projetos de lei destinados a impedir o suposto uso das escolas para a doutrinação política e difusão da ideologia de gênero. Um projeto de lei apresentado em 2016 pelo senador Magno Malta, ainda que ao final tenha sido retirado pelo próprio autor antes de ser levado a votação, é representativo dessas iniciativas legislativas que buscam coibir a difusão da suposta "ideologia de gênero". Diz o projeto:

> O Poder Público não se imiscuirá na opção sexual dos alunos nem permitirá qualquer prática capaz de comprometer, precipitar ou direcionar o natural amadurecimento e desenvolvimento de sua personalidade, em harmonia com a respectiva identidade biológica de sexo, sendo vedada, especialmente, a aplicação dos postulados da teoria ou ideologia de gênero.[12]

Igualmente relevante foi a atuação do movimento Escola sem Partido no Judiciário, obtendo, por exemplo, decisões favoráveis para que alunos gravem seus professores ou liminar para que "nenhum calouro da UFLA [Universidade Federal de Lavras] seja punido (desligado da universidade) por se recusar a assistir às oficinas de feminismo, gênero e história do movimento LGBT na semana de recepção dos calouros".[13]

As ações do movimento Escola sem Partido não ficaram sem resposta. Professores, pais e pesquisadores se articularam para evidenciar a implausibilidade das acusações de doutrinação, mostrando ainda que o posicionamento social e político é inerente à atividade pedagógica. Mostram ainda que boa parte das ações propostas pelo movimento são até inconstitucionais.[14] Igualmente relevante é o *Manual de defesa contra a censura nas escolas*, publicado pela primeira vez em 2018 por um amplo consórcio de organizações não governamentais que oferece instrumentos para lidar com a investida sobre a autonomia pedagógica das escolas e universidades.[15]

O Escola sem Partido deixou de atuar desde que seu fundador, Miguel Nagib, abandonou o movimento em 2020, alegando não ter recebido o apoio que esperava do governo Bolsonaro. Não obstante, as tensões no cotidiano das escolas que os embates desencadeados pelo movimento trouxeram consigo deixaram seguramente marcas persistentes.

Espaços de classes médias

Como se mostrou no capítulo 4, a situação de classe das classes médias, considerando-se diferentes vetores da desigualdade, mostrou grande volatilidade em todo o período contemplado. No que diz respeito à renda, as classes médias como um todo viram sua renda crescer proporcionalmente muito menos que a renda dos milionários e dos pobres durante a primeira era PT. É verdade que emergentes ascenderam, nesse período, à condição de classe média, mas continuaram muito vulneráveis economicamente. No contexto de aprofundamento da crise econômica a partir de 2014, por não terem ainda acumulado grande patrimônio e por seu nível de escolaridade mais limitado, tornaram-se muito suscetíveis à perda do emprego e da renda e se encontravam particularmente endividados.[16] Como mostra Marcelo Neri, voltar à pobreza era e continua sendo ameaça permanente e fato frequente em suas vidas.[17]

Com relação ao consumo e uso de bens, serviços e espaços hierarquizados que marcam a experiência de classe média no

Brasil, surgem novas tensões, na medida em que esses espaços passam a ser disputados entre estabelecidos e emergentes. Estudos diversos ajudam a mapear quais são esses bens e espaços objetos das novas disputas. Assim, estudos baseados em fontes estatísticas como as Pesquisas Nacionais por Amostra de Domicílios ou as Pesquisas de Orçamentos Familiares permitem estabelecer correlações consistentes, por exemplo, entre aumento da renda e o consumo de bens duráveis e a busca de serviços privados de atendimento à educação e à saúde.[18] Estudos de caso, por sua vez, permitem identificar significados de classe atribuídos ao uso e ao acesso a esses bens, serviços e espaços sociais.

Cabe, em primeiro lugar, destaque a estudos que exploram as dinâmicas de apropriação e uso do solo urbano, bem como o papel do próprio mercado imobiliário estratificado para segmentar e classificar o espaço físico da cidade. Nesse movimento, determinados bairros, regiões ou subáreas se constituem, física e simbolicamente, como espaços das classes médias.[19] Igualmente relevantes são estudos que mostram que, apesar de diferenças significativas entre as distintas regiões e cidades do Brasil e também diferenças marcantes entre campo e cidade, a experiência de classe das famílias de classe média aparece, de forma recorrente e persistente ao longo das últimas décadas, associada à utilização de alguns bens e serviços, como carro próprio,[20] medicina e escola privadas,[21] formação universitária para os filhos[22] e o recurso à contratação de trabalhadores domésticos.[23]

O incremento do poder de consumo dos emergentes na primeira era PT promove uma diversificação e pluralização dos bens e espaços sociais que caracterizam a situação de classe da classe média. Isto é, se é verdade que os grupos que passam da pobreza aos estratos médios competem por acesso aos bens, serviços e espaços da classe média estabelecida, os chamados emergentes induzem a criação de novos bens, serviços e espaços socialmente codificados como de classe média.

Trata-se aqui de uma topografia social heterogênea composta de: i) espaços tradicionais da classe média estabelecida e sobre os quais esta continuou tendo o monopólio de uso, como é o caso de certos bairros e condomínios residenciais, clubes recreativos, teatros etc.; ii) novos espaços sociais e de consumo que surgem ou são recodificados pelos emergentes como espaços de classe média e que não são disputados pela classe média estabelecida (reconfiguração de bairros periféricos, recriação de gêneros musicais, como no caso da música sertaneja ou do funk); iii) serviços e espaços sociais que se tornam alvo de disputa entre os diferentes segmentos das classes médias, como é o caso do espaço viário das cidades, saturado pelo aumento exponencial dos veículos em circulação, o espaço dos aeroportos e o acesso ao ensino superior.[24]

Nessa topografia social cada vez mais heterogênea, os processos e mecanismos de afirmação da condição de classe média também se diversificam. Ou seja, os modos de ser classe média que já eram diversos do ponto de vista regional também se pluralizam ainda mais no âmbito de suas interseções com raça, etnicidade, religião, espaços prévios de socialização etc. Como consequência da mobilidade social e da diversificação das classes médias, as práticas cotidianas de afirmação e decodificação da situação de classe média se tornam ainda menos unívocas e mais incertas. Estratégias conhecidas e antes eficientes para performar corporalmente a pertença à classe média e demarcar as fronteiras sociais diante de outros grupos já não apresentam a mesma eficácia.

É evidente que os atos de performar a condição de classe média são necessariamente momentos interseccionais, nos quais origem regional, etnicidade e raça,[25] gênero e sexualidade[26] e até religiosidade[27] aparecem inseparavelmente vinculados às marcas propriamente de classe. Isso implica que grupos que não estão historicamente associados à classe média encontram maior dificuldade em ver reconhecida sua situação de classe média e são vítimas recorrentes de rejeição social e racismo, como mostram os estudos sobre a classe média negra: "Entretanto, a experiência do racismo, da discriminação e, consequentemente, do sentir-se fora do lugar, ainda caracteriza a experiência da maioria dos negros de classe média".[28]

A crise econômica iniciada em 2014 muda os termos da disputa entre emergentes e estabelecidos, na medida em que uma parte significativa dos emergentes volta à condição de pobres, carregando consigo o ressentimento e a frustração que acompanham o descenso social. A classe média estabelecida, sobretudo os estratos mais ricos desse segmento, viu sua renda real aumentar ou ao menos cair menos que a renda dos estratos mais inferiores da pirâmide social no período da guinada à direita, restabelecendo, ao menos em parte, a distância que a separa dos emergentes e pobres. A distância que a separa dos muito ricos aumentou bastante nesse período. Esse fato, contudo, parece não preocupá-la nem mobilizá-la politicamente.

Quando discursos encontram seus sujeitos

Lula deixou a Presidência em seu segundo mandato com o impressionante índice de aprovação e popularidade de 87%. Dilma Rousseff apresentava no começo de seu terceiro ano de governo em seu primeiro mandato, em 2013, aprovação igualmente invejável: 79%.[29] Logo depois das jornadas de junho de 2013, sua popularidade despenca para 31%.[30] Em 2016, o então deputado Jair Bolsonaro não passava dos 8% nos cenários testados para a eleição de 2018.[31] Registre-se como curiosidade que em 2017 Bolsonaro se candidatou pela quarta e última vez à presidência da Câmara dos Deputados e teve apenas três votos entre os 513 deputados. Ainda que constituam mera evidência anedótica e sejam usados aqui sem nenhuma pretensão de representatividade, esses números ilustram como alegoria a contingência das escolhas políticas ou, como formulou Stuart Hall, o caráter contingente da articulação entre sujeitos e discursos. Seguindo essa lógica, entender o caminho que leva dos recordes de popularidade de Lula e Rousseff em 2010 e 2012 à eleição em 2018 do radical de direita Jair Bolsonaro, passando pelas jornadas de protestos de junho de 2013 e pelo impeachment de Rousseff em 2016, implica descrever as circunstâncias que tornaram possíveis as articulações entre sujeitos e discursos que se efetivaram no período. É o que busco fazer a seguir.

Das jornadas de junho de 2013 ao impeachment de 2016

A interpretação de que as jornadas de junho de 2013 não apresentavam de saída uma coloração política definida, mas que seu sentido foi sendo disputado ao longo do ciclo de manifestações públicas por todo o Brasil, se não é consensual, é compartilhada pela maior parte dos analistas.[32] Isto é, ainda que novos movimentos de direita como o Vem Pra Rua e o Movimento Brasil Livre tenham logrado expandir enormemente sua influência política durante as jornadas, os protestos iniciados pelo movimento pela gratuidade do transporte público para estudantes não eram, originalmente, orientados por ideologias conservadoras ou ultraliberais. Na ocasião, o grosso dos manifestantes expressava com seu protesto uma insatisfação difusa, como ficou registrado nos dizeres das faixas e cartazes utilizados. Vale a pena lembrar inscrições de três cartazes da época que sintetizavam bem esse espírito: "Tem tanta coisa errada que não cabe em um cartaz", "Não quero guerra nem pães", "Meu partido é o coração partido".[33]

Se a tese defendida neste livro está correta, razões para insatisfação não faltavam. Afinal, à exceção dos 1% milionários que muito provavelmente não saíram às ruas em junho de 2013, qualquer que seja o grupo e o recorte selecionado, havia razões para reclamar. Assim, por exemplo, pobres e emergentes viram sua renda crescer nos anos anteriores, mas ao mesmo tempo viram seus direitos existenciais ameaçados pela crescente criminalidade e sua qualidade de vida ser degradada pela explosão do número de veículos e o prolongamento de seus tempos de deslocamento nas cidades. Os estabelecidos, por sua vez, viram seus mecanismos de distanciamento dos emergentes e de sua reprodução como classe média se diluírem.

Homens, brancos e heterossexuais, ainda que, obviamente, o patriarcado, o racismo e a hegemonia heteronormativa estivessem e estejam longe de desaparecer no Brasil, viram suas posições nas hierarquias de gênero e raça abaladas. Também aqui mecanismos tradicionalmente usados para enquadrar subalternizados, incluindo-se entre eles a hierarquização, a discriminação, a performance corporal voltada para afirmar ostensivamente a suposta superioridade e mesmo a violência verbal e física, haviam perdido parte de sua eficácia. Do outro lado, mulheres, negros e a população LGBT, ainda que tenham se beneficiado de políticas públicas e transformações sociais que incrementaram sua situação interseccional, continuavam sofrendo com a discriminação e formas abertas de violência.

Discursos progressistas, defendendo a expansão do Estado de bem-estar e das políticas de igualdade de gênero e raça, de um lado, e discursos ultraliberais na economia e conservadores nos costumes, de outro, passam a disputar a significação dessas insatisfações nas ruas, nas redes sociais e também na mídia convencional. As forças políticas estabelecidas à esquerda e à direita revelaram sua incapacidade de oferecer repertório discursivo capaz de significar essas insatisfações difusas. Marcos Nobre tem razão ao afirmar que o sistema político se mostrou "atordoado, sem saber como responder a uma inédita perda relativa do controle da política".[34] A exceção cabe aqui ao Partido Socialismo e Liberdade (PSOL), que desde o primeiro momento reconheceu a importância das manifestações de junho, mostrou irrestrito apoio aos manifestantes e tentou interpretar e vocalizar as insatisfações e demandas difusas surgidas nesse contexto.[35]

As eleições para presidente de 2014, tendo como candidatos no segundo turno Dilma Rousseff e Aécio Neves, revelam de maneira exemplar, se não caricata, a incapacidade do sistema político de significar e responder à insatisfação popular. O programa de governo de Dilma, intitulado "Mais mudanças, mais futuro", poderia perfeitamente ser rebatizado de "Mais do mesmo", já que não oferece nenhuma proposta efetivamente nova ou esforço de integrar as demandas veiculadas nos protestos do ano anterior. Cabe destacar que o tema da desigualdade é pouco enfatizado no programa. A ênfase está na mobilidade social individual e na expansão da classe média emergente:[36]

> Nas três primeiras gestões petistas, os governantes, junto com os partidos aliados, tomaram a decisão política de reconhecer direitos que até então eram subtraídos da imensa maioria da população: morar, comer, estudar, ter acesso a serviços de saúde, ao saneamento básico, à casa própria, ao emprego e a um patamar mínimo de renda para ter uma vida digna. Ao mudar as condições de vida desse enorme contingente de pessoas, trouxe-os à esfera pública, conscientes de seus direitos. São eles que ingressam no mercado de trabalho mais instruídos que a mão de obra anterior; que conseguem chegar à faculdade como os primeiros dentro de seus núcleos familiares; que pressionam o poder público com demandas por mais serviços e de melhor qualidade. [...] Para os cidadãos brasileiros, o necessário para

o futuro mudou porque o patamar de exigências passou a ser outro: não querem mais o mínimo necessário para viver, mas o máximo possível para que mantenham o seu poder de consumo e possam acenar para seus filhos com vidas melhores que as deles.[37]

O programa de governo de Aécio Neves,[38] ainda que muito mais detalhado e bem elaborado, tampouco mostra interesse em dialogar com as insatisfações que haviam vindo à tona. Em suas prioridades — combate à pobreza e às desigualdades, geração de crescimento econômico e renda, melhoria das condições de saúde e educação da população, entre outros —, difere pouco do programa de Dilma. A exceção talvez seja o capítulo sobre segurança pública, que oferece propostas muito mais concretas que o programa da petista para combater a criminalidade e melhorar as condições de segurança pública.

A vitória apertada de Dilma Rousseff com uma margem de pouco mais de 3 milhões de votos motivou Aécio Neves e o Partido da Social Democracia Brasileira (PSDB) a pedirem a auditoria dos resultados, fato que seria usado posteriormente por Bolsonaro para justificar suas dúvidas sobre a confiabilidade das urnas eletrônicas e do sistema eleitoral brasileiro. As tendências gerais de preferência do eleitorado demonstradas nas eleições de 2014 se tornariam ainda mais claramente visíveis nas eleições seguintes, como mostraremos adiante. O que se nota é que mulheres, os mais pobres e menos escolarizados e nordestinos tendem a votar mais consistentemente no PT do que homens, eleitores do Sul e do Sudeste do país e mais ricos e mais escolarizados. É o que mostra a tabela 2.

Tabela 2. Preferência eleitoral no segundo turno
Brasil, 2014 (votos válidos em %)

Candidata(o) Grupo	Dilma Rousseff	Aécio Neves
Homens	51	49
Mulheres	54	46
Até 2 salários mínimos	63	37
Mais de 10 salários mínimos	35	65
Escolaridade fundamental	61	39
Escolaridade superior	39	61
Região Nordeste	70	30
Região Sul	45	55

Fonte: Datafolha, "Brasil: Eleições 2014: Intenção de voto para presidente da República, 2º turno, véspera", 27 out. 2014.

O fraco desempenho da economia em 2014 e a profunda recessão que se seguiu a partir de 2015 agravaram as insatisfações de todos os grupos sociais. Paralelamente, as investigações sobre corrupção desencadeadas a partir de 2014 no âmbito da Operação Lava Jato, amplamente divulgadas nos principais veículos de comunicação, expõem cada vez mais os acordos espúrios entre grandes empresas e os partidos institucionalizados e particularmente o PT. Esse é o contexto que favorece o crescimento do discurso antipetista e alimenta as mobilizações a favor do impeachment de Dilma Rousseff. O discurso anticorrupção e antipetista acompanhado do apelo pela redução do tamanho do Estado e pelo fim das políticas compensatórias serve como uma luva para abrigar as insatisfações da classe média estabelecida. Afinal, o PT e muitos de seus representantes, entre eles seu líder mais importante, Lula, corporificam, com sua presença nos espaços sociais e políticos dos quais estiveram historicamente excluídos, a "invasão" dos emergentes sentida pela classe média estabelecida. Ainda que as queixas dos estabelecidos contra o PT não fossem completamente novas, seu poder de mobilização e articulação de parcelas mais representativas da sociedade permaneceu reduzido enquanto a economia brasileira crescia a taxas aceleradas.

As manifestações em favor do impeachment foram acompanhadas, durante todo o ciclo de mobilizações, por protestos em favor da manutenção de Dilma no poder e que claramente indicavam o apoio ao desordenamento das hierarquias sociais observado nos anos anteriores. Em termos quantitativos, pode-se até afirmar que os que queriam mais e não menos redistribuição de recursos e poder eram até mais representados nos protestos de rua. Luciana Tatagiba e Andréia Galvão estudam 1285 ações de protesto entre janeiro de 2011, quando Rousseff assume a Presidência, e agosto de 2016, quando deixa o cargo, e mostram que apenas 6,2% das ações identificadas no período foram protagonizadas por grupos antipetistas. A maior parte dos protestos estava vinculada a "setores progressistas vinculados à defesa de direitos, aliados do governo petista ou compondo uma oposição à esquerda".[39] Até movimentos sociais e intelectuais que, nos anos anteriores, haviam se distanciado do PT se rearticulam contra a deposição da presidente, na medida em que a possibilidade do impeachment vai ficando mais iminente. No âmbito das redes sociais e da grande mídia, contudo, as relações eram bem distintas. Aí a hegemonia dos que queriam restaurar as hierarquias era incontesta.[40]

Independentemente das disputas nas ruas e nas redes, a decisão sobre o impeachment se dá em outros âmbitos. Os milionários, que até então haviam ganhado em todos os níveis da desigualdade durante os governos do PT, perdem ao menos parte de suas associações seletivas, na medida em que as investigações de corrupção avançam e suas redes criminosas com o Estado e com a política são desmanteladas. É nesse momento que eles, através de suas entidades representativas, tendo a Federação das Indústrias do Estado de São Paulo (Fiesp) à frente, começam a exigir publicamente a destituição da presidente. A impressão que fica é que os estabelecidos, dada a ressonância de suas posições e opiniões nas redes digitais e nos meios de comunicação de massa, constituem um ator decisivo para influenciar a opinião pública. Contudo, a formação da vontade política, no sentido da aglutinação de decisões com efeito vinculante, é ainda dependente dos ânimos dos milionários. Quando entenderam que os interesses do capital se encontravam ameaçados e seus canais privilegiados de acesso ao Estado foram obstruídos, eles entraram na luta política que se desenrolava na esfera pública, decidindo o jogo a seu favor.

No âmbito parlamentar, a aliança com o Partido do Movimento Democrático Brasileiro (PMDB) e outras siglas menores, que até 2014 havia garantido ao PT sua base parlamentar, perde sua sustentação desde então, dada a abrangente investida contra a corrupção, combinando ações do Judiciário, do Ministério Público e da Polícia Federal. Além de impedir ou ao menos limitar o acesso de políticos e partidos aos canais de geração dos recursos ilícitos que alimentavam seus cofres, a investida gera pânico entre os políticos e empresários envolvidos pelo temor de serem descobertos e presos, como aconteceu em vários casos. As investigações, ao desarticular as bases de sustentação parlamentar de Rousseff, acabam levando a seu afastamento em 2016 e à ascensão de Michel Temer ao poder, apoiado, em grande medida, pela mesma base parlamentar que tinha dado sustentação aos governos comandados pelo PT.[41] Fica evidente, na mudança de governo, o interesse dos parlamentares de buscar, na transição, a tábua de salvação para seus mandatos e, na medida do possível, a recuperação de suas "fabriquinhas".[42]

Do impeachment à eleição de Bolsonaro

Conforme era de esperar, o impeachment de Dilma Rousseff e a subida ao poder de Michel Temer não devolveram à Presidência e ao Congresso Nacional o protagonismo na significação da crise política e da insatisfação generalizada da população. Ao contrário: novos escândalos de corrupção vieram à tona no âmbito dos avanços das investigações da Operação Lava Jato, e a confiança da população na Presidência da República, no Congresso Nacional e nos partidos despencou ainda mais. Em junho de 2017, apenas 3% da população declarava confiar muito no Congresso e na Presidência e, menos ainda que isso, míseros 2% afirmavam confiar muito nos partidos.[43]

Na esfera pública, os dois blocos heterogêneos de vozes que haviam se formado para defender e condenar o impeachment de Dilma Rousseff vão se consolidando como dois grandes campos que alimentam os repertórios de interpretação do momento que o país vivia. Dadas a novidade e a velocidade com que o bloco antipetista foi se organizando, crescendo e se radicalizando politicamente até a eleição de um extremista de direita para a Presidência em 2018, pesquisou-se muito mais e conhecemos hoje muito melhor o que se deu nesse campo. Não é, contudo, trivial que o campo oposto, ou seja, o campo que passou a ser conhecido como esquerda, continuasse gerando discursos capazes de significar as insatisfações e expectativas existentes com tal poder de convencimento que nem mesmo a prisão de Lula às portas da eleição minou a competitividade da coligação de forças de esquerda na corrida presidencial de 2018. Afinal, Fernando Haddad, designado candidato faltando menos de um mês para o primeiro turno, perdeu, é verdade, no segundo turno, mas chegou a 45% dos votos válidos. Ainda que falte uma reconstrução detalhada do que se deu no campo da esquerda nesse período, é certo que o mérito da resistência ao avanço da direita não está na agilidade do próprio PT em renovar seu discurso e suas práticas. Mais plausível parece a tese de Marcos Nobre de que, ainda que com menos rapidez que os movimentos de direita, também as forças progressistas fora da política institucionalizada lograram, de algum modo, renovar os canais de comunicação com a população nas ruas virtuais e reais.[44]

Os discursos construídos pela direita desde então estão mapeados em detalhe na literatura, tanto no que diz respeito a seus instrumentos e canais de difusão quanto a seus conteúdos específicos. João Cezar de Castro Rocha[45] enumera os mecanismos de comunicação que compõem o que chama de midioesfera extremista, incluindo entre eles correntes de grupos de WhatsApp, canais interconectados no YouTube, redes sociais (Facebook, Instagram, Twitter/X) e aplicativos como Bolsonaro TV. Conforme o autor, os conteúdos gerados nessas redes são validados pelos canais tradicionais de mídia e, durante o governo Bolsonaro, particularmente pela Rede Jovem Pan de rádio e tv.[46] Quando dirigimos a visada para o avanço das direitas de maneira mais ampla, temos que expandir os mecanismos destacados por Rocha, de sorte a integrar mecanismos tão variados quanto os livros e os cursos online de expoentes da direita, com destaque para Olavo de Carvalho,[47] sites e blogs dos *think tanks* de direita e organizações como Movimento Brasil Livre, que, apostando em games, memes e outras formas lúdicas de comunicação política, geram igualmente repertórios relevantes para a mobilização das direitas.

Outro aspecto importante a ser levado em conta é a força dos canais de comunicação evangélicos e o espaço dos templos como contexto de difusão de informações que favorecem o avanço da direita.[48] Conforme mostram João G. Santos e Karina Santos, as conexões entre os canais de comunicação controlados por lideranças evangélicas, com destaque para Silas Malafaia e Edir Macedo, bem como a ação de influencers do mundo gospel e evangélico e os canais políticos da direita, foram e são fundamentais para dar capilaridade e credibilidade, particularmente durante campanhas eleitorais, aos conteúdos veiculados pela direita e extrema direita.[49] Muitos desses conteúdos são meramente inventados, falácias criadas com o fim de desabonar ou instilar o ódio aos adversários políticos.[50]

Rodrigo Nunes[51] discute os conteúdos divulgados pela extrema direita não só no Brasil e identifica o cerne de sua gramática apoiada em três pilares: o individualismo, o punitivismo e a valorização da ordem acima da lei. Como mostra Nunes de forma muito convincente, esses três elementos se intercruzam e se complementam mutuamente criando um sistema de sentidos coerente. Enquanto o individualismo invisibiliza as causas estruturais dos sucessos e dos fracassos pessoais, o punitivismo tem "um sentido tanto profilático (submeter as pessoas a dificuldades é bom para elas mesmas) quanto propriamente retributivo", isto é, "o sentimento disseminado de que se pode (e deve) a qualquer momento estar sujeito a uma correção do comportamento".[52] A defesa da ordem acima da lei dá sustentação, por sua vez, ao alegado direito das "pessoas de bem" de decidir sobre a vida e a morte de "bandidos" ou, por exemplo, a ignorar restrições impostas pelas leis ambientais quando estas supostamente travam a prosperidade.

Em sua leitura pós-estruturalista do avanço da direita, o trabalho de Nunes tem afinidades claras com a interpretação defendida neste livro, ou seja, o caráter contingente do encontro entre discursos e sujeitos. Particularmente útil para analisar o caso brasileiro parece-me a maneira como o autor, apoiando-se sobretudo nas análises da eleição de Donald Trump nos Estados Unidos, descreve a relação, digamos assim, dialética entre direitos e privilégios:

> É a ocorrência concomitante de severas perdas para alguns e ganhos modestos para outros que ajuda a extrema direita a convencer os "perdedores" da globalização de que se eles estão sendo privados de *direitos*, é porque há outros — mulheres, migrantes, grupos étnicos, pessoas LGBTQIA+ etc. — ganhando *privilégios* às suas custas.[53]

A interpretação que vem sendo construída neste livro soma dois aspectos não contidos na análise de Rodrigo Nunes: a multidimensionalidade e o caráter interseccional das desigualdades. A multidimensionalidade permite enquadrar a defesa da ordem acima da lei não como ideologia, mas como forma de responder, no plano da construção de sentidos, às ansiedades dos pobres e das classes médias com o avanço da criminalidade, ou ao desejo dos muito ricos de expandir as fronteiras do capitalismo. A interseccionalidade, por sua vez, permite enquadrar discursos racistas, sexistas ou homofóbicos e transfóbicos não como a venda de ilusões a perdedores da globalização, mas como uma compensação simbólica efetiva para as perdas nas hierarquias sociais experimentadas por brancos e machistas no contexto do avanço dos direitos de negros, mulheres e população LGBT.

Eleições representam situações em que as divisões sociais são levadas ao paroxismo. Isso aparece exponenciado nas eleições de 2018 em virtude da prisão de Lula, da difusão de notícias falsas em magnitude até então sem precedentes e do discurso bélico adotado por Bolsonaro e seus aliados alertando contra os inimigos que precisam ser supostamente vencidos e mesmo eliminados. Já em seu programa de governo, Bolsonaro nomeia claramente quem são os inimigos e como é o mundo supostamente construído pela esquerda que ele quer pôr abaixo: "Nos últimos trinta anos o marxismo cultural e suas derivações como o gramscismo, se uniu às oligarquias corruptas para minar os valores da Nação e da família brasileira".[54] Em seu lugar, Bolsonaro defende uma "rápida transformação cultural, onde a impunidade, a corrupção, o crime, a 'vantagem', a espertеza, deixarão de ser aceitos como parte de nossa identidade nacional, POIS NÃO MAIS ENCONTRARÃO GUARIDA NO GOVERNO".[55]

O programa de governo de Bolsonaro é uma boa síntese da campanha do candidato à Presidência Jair Bolsonaro e de vários outros candidatos a governos estaduais e a cargos nos Legislativos estaduais e federal, os quais logram transformar os vários temas considerados relevantes pelos eleitores em uma disputa entre esquerda e direita. Espelhando-se nas estratégias eleitorais exitosas de outros candidatos de direita e particularmente em Donald Trump, Bolsonaro se apresenta como o candidato antissistema que, com pulso firme, iria resolver os problemas do país como a corrupção, as lacunas da segurança pública e a crise econômica.

O discurso misógino, moralista, classista e racista encontrou eco particularmente entre homens, brancos, na classe média estabelecida e entre as famílias tradicionais que viram sua supremacia arranhada pelas mudanças sociais e econômicas dos períodos anteriores. Isso explica seu êxito eleitoral proporcionalmente maior entre eleitores do sexo masculino, brancos, de estratos mais altos de renda e evangélicos. Pode-se dizer que a campanha de Bolsonaro e de vários outros candidatos que adotaram a mesma retórica logrou construir um discurso abrangente capaz de articular insatisfações políticas referidas a diferentes situações de classe em suas múltiplas interseções com raça, gênero, sexualidade e religião.

Também a campanha de Fernando Haddad, o candidato que assumiu a vaga de Lula depois que este foi preso e impedido de concorrer às eleições presidenciais, se apoiou em discursos interseccionais com sinal inverso ao de Bolsonaro. Seu programa de governo[56] e sua campanha defenderam a luta contra a desigualdade social e a ampliação dos direitos e das conquistas de pobres, mulheres, negros, indígenas e grupos LGBT, segmentos que em sua maioria votaram efetivamente no candidato. Igualmente expressivas são as diferenças regionais. Haddad é o mais votado no Nordeste, região particularmente beneficiada pelas políticas implementadas durante os governos do PT. Bolsonaro vence em todas as demais regiões. A tabela 3 resume esses resultados.

Tabela 3. Preferência eleitoral de diversos grupos
Brasil, preferência eleitoral no segundo turno, 2018

Candidata(o) Grupo	Bolsonaro	Haddad
Homens	61%	39%
Mulheres	51%	48%
Brancos*	68%	32%
Pardos	54%	46%
Pretos	45%	55%
Renda de até 2 salários mínimos	44%	56%
Renda acima de 10 salários mínimos	66%	34%
Católicos	51%	49%
Evangélicos	69%	31%

Heterossexuais**	58%	42%
LGBT	34%	62%

Fonte: Datafolha, "Eleições 2018: Tabelas", 27 out. 2018 (só votos válidos).

* Todos os demais dados da tabela se referem à coleta de dados de 24 e 25 out. 2018. Os dados relativos a grupos de cor ou raça, contudo, dada a disponibilidade, se referem à pesquisa realizada em 10 out. 2018.
** Os dados relativos à sexualidade se referem também à pesquisa de 24 e 25 out. 2018, mas foram citados aqui, também por razão de disponibilidade, com base na reportagem "Entre LGBTs, Haddad lidera com 57% e Bolsonaro tem 29%" (*Folha de S.Paulo*, São Paulo, 26 out. 2018), de Úrsula Passos e Gustavo Fioratti.

De Bolsonaro a Lula III

A radicalidade do discurso antissistema presente na campanha de Bolsonaro pouco arrefeceu depois que ele assumiu a Presidência. Juntamente com seu corpo de ministros mais afinados diretamente com a extrema direita, ele se valeu largamente durante todo o seu mandato da visibilidade e dos recursos que o cargo lhe proporcionava para elevar o nível da animosidade política e insistir na divisão entre a direita, supostamente honesta, composta de pessoas de bem e defensoras da ordem, e a esquerda, alegadamente corrupta, perdulária, amoral e criminosa. Além dos recursos e da estrutura construída nos anos anteriores para difusão dos conteúdos da extrema direita como descrito acima, o presidente passou a se valer de outros instrumentos de comunicação. Contam aqui as conversas praticamente diárias com seguidores que o esperavam à porta do Palácio da Alvorada (o cercadinho), amplamente cobertas pela mídia, as motociatas frequentes, grandes manifestações sobretudo por ocasião de efemérides como 31 de março e o Sete de Setembro e o conhecido Gabinete do Ódio, vinculado diretamente à Presidência da República. De acordo com investigações que ainda se encontravam em curso quando este livro foi concluído, o Gabinete do Ódio correspondia a uma estrutura de produção e difusão coordenada de conteúdos em diversas plataformas digitais. Trata-se, conforme suspeitava a investigação, de uma

> associação criminosa [...] dedicada à disseminação de notícias falsas, ataques ofensivos a diversas pessoas, às autoridades e às instituições, dentre elas o Supremo Tribunal Federal [STF], com flagrante conteúdo de ódio, subversão da ordem e incentivo à quebra da normalidade institucional e democrática [...].[57]

A combinação entre o discurso subversivo, sobretudo contra o STF, e a prática da formação de maioria parlamentar através da transferência de poder sobre o Orçamento federal para as hostes mais clientelistas do Congresso Nacional foram a marca do governo Bolsonaro, ao menos depois de meados de 2020, quando, conforme mostra Marcos Nobre, o presidente e o Centrão entram em acordo.[58] O acordo garantiu o alinhamento e a conivência do Congresso com os arroubos autoritários e a incompetência do governo. A única exceção, conforme Nobre, foi a CPI da covid-19, que, entre abril e outubro de 2021, pôs a nu a absoluta inépcia de Bolsonaro e seus ministros e auxiliares para gerir a crise sanitária.

Não obstante, as bases bolsonaristas continuaram mobilizadas e aguerridas, não se deixando esmorecer nem mesmo pela derrota eleitoral do então presidente da República em 2022, como a intentona golpista de 8 de janeiro de 2023 evidenciou.

Do ponto de vista dos movimentos e interpretações que buscam resistir ao avanço da extrema direita, surgem durante o governo Bolsonaro iniciativas da sociedade civil que ampliam significativamente o repertório de discursos e significações surgidas por ocasião das mobilizações contra o impeachment de Dilma Rousseff. Para os fins do presente livro, é particularmente relevante ressaltar a expansão do repertório da oposição ao bolsonarismo em três direções. A primeira diz respeito à ênfase no cuidado e na política da vida em oposição à necropolítica bolsonarista, manifestada, conforme o vocabulário das próprias organizações, tanto no descaso com as mortes provocadas pela covid-19 quanto na indiferença para com as vítimas, marcadamente jovens negros, da violência policial, e ainda na deliberada destruição ambiental. Nesse contexto, mesmo veículos não acadêmicos próximos a movimentos sociais se referem a essas situações como expressões da necropolítica,[59] citando a definição de Achille Mbembe segundo a qual na necropolítica "a soberania reside no poder e na capacidade de decidir quem está apto a viver e quem tem que morrer".[60]

A segunda característica importante de parte dos novos discursos progressistas é a ênfase na interseccionalidade. A Coalizão Negra Por Direitos, criada em 2019, é a expressão mais viva e visível da defesa de alianças interseccionais. Ela presta contribuição fundamental para desfazer a interpretação equivocada da esquerda mais ortodoxa segundo a qual demandas de cunho social, ou seja, definidas a partir da posição de classe, e demandas vinculadas à posição de gênero, raça ou sexualidade competem entre si. Portanto, para que as reformas sociais possam avançar seria necessário conter as demandas de gênero, raça, etnicidade ou sexualidade, desqualificadas nessas abordagens como demandas identitárias. A Coalizão mostra, em seus documentos, discursos e práticas, que reivindicações políticas são sempre localizadas socialmente e refletem, portanto, a situação entrelaçada de classe, raça, etnicidade, gênero etc. de quem formula a reivindicação. Durante os debates em torno da reivindicação de nomeação de uma ministra negra para o

STF em 2023, essa posição foi articulada de maneira muito precisa, como resume a jornalista e escritora Bianca Santana, integrante da Coalizão:

> O que o movimento negro faz é o enfrentamento ao racismo, com a certeza de que o racismo, o capitalismo, a desigualdade de gênero, todas as formas de opressão caminham juntas. Esse enfrentamento a partir da pauta racial que a Coalizão Negra por Direitos faz é para toda a sociedade brasileira. É uma Coalizão Negra por Direitos, não é uma coalizão pelo direito das pessoas negras, apenas.[61]

A terceira expansão relevante do discurso de oposição ao governo Bolsonaro não é propriamente uma novidade. Trata-se de trazer a defesa da democracia novamente para o centro das atenções políticas. Se é verdade que, como mostra Rodrigo Nunes, o PT já havia evocado a lembrança das lutas contra a ditadura durante as mobilizações contra o impeachment de Dilma Rousseff com o propósito de "regalvanizar uma base histórica que havia se afastado do partido",[62] a defesa da democracia durante o governo Bolsonaro apresenta um caráter distinto. Sua retomada nesse período se tornou bandeira capaz de reaglutinar, ao menos pontualmente, forças liberais e de centro com a esquerda e os movimentos sociais mais progressistas. As duas cartas em defesa da democracia e do estado de direito, tanto aquela assinada por entidades diversas quanto a que foi redigida na Faculdade de Direito da Universidade de São Paulo, lidas em cerimônia de grande repercussão em 11 de agosto de 2022, expressam muito bem o significado da defesa da democracia para recosturar alianças sociais e políticas há muito abandonadas.[63]

As eleições de 2022 se dão sob a égide da oposição entre dois blocos com discursos opostos, direita, na verdade extrema direita, e esquerda. Não surgiram nem candidatos nem forças políticas capazes de descentrar a disputa eleitoral para além do confronto entre a esquerda capitaneada por Lula, fortalecido desde a anulação de sua condenação em abril de 2021, e Bolsonaro, candidato à reeleição.

O programa de governo de Lula[64] prometia, como era esperado, retomar e reconstruir as políticas que haviam contribuído para desordenar, ainda que minimamente, as hierarquias sociais nos governos anteriores do PT. Igualmente enfatizada é a defesa da democracia e do estado de direito. Também iniciativas alinhadas com aquilo que os movimentos sociais vinham tratando como defesa da vida foram contempladas pelo programa. Nos programas de TV e mesmo nos debates, Lula se referia com frequência ao dever do Estado de cuidar da população. Não há hierarquia, no programa de governo do candidato, entre demandas sociais e "identitárias", ambas são contempladas.

O programa de governo de Bolsonaro,[65] se comparado ao de 2018, é surpreendentemente moderado e defende, em essência, a liberdade em todos os âmbitos e dignidade para os "menos favorecidos". Os discursos de cores bélicas presentes na campanha do candidato em 2018 desaparecem do programa de 2022. Os resultados da eleição apertada confirmam e aprofundam as tendências verificadas em 2014 e mais claramente em 2018. Pobres, mulheres, negros (pardos e pretos), católicos e nordestinos têm preferência mais marcada por Lula, enquanto homens, brancos, mais ricos, evangélicos e habitantes das regiões mais ricas tendem a preferir Bolsonaro, como mostra a tabela 4.

**Tabela 4. Preferência eleitoral de diversos grupos
Brasil, preferência eleitoral no segundo turno, total da amostra,* 2022**

Candidata(o) Grupo	Bolsonaro	Lula
Homens	48%	48%
Mulheres	41%	52%
Brancos**	49%	43%
Pardos e pretos	38%	56%
Renda até 2 salários mínimos	33%	61%
Renda maior que 10 salários mínimos	59%	36%
Escolaridade fundamental	34%	60%
Escolaridade superior	48%	43%
Católicos	39%	55%
Evangélicos	62%	32%
Região Nordeste	28%	67%
Região Sul	58%	36%

Fonte: Datafolha, "Pesquisas eleitorais", G1, 27 out. 2022; Ipec — Inteligência em Pesquisa e Consultoria, "Pesquisas eleitorais, presidente, 2º turno", G1, 24 out. 2022.

* Note-se que as preferências nas tabelas anteriores, referentes às eleições de 2014 e 2018, consideram apenas os votos válidos. As porcentagens não são, por isso, diretamente comparáveis com as apresentadas na presente tabela, que levam em conta, por razão de disponibilidade de dados, o total de votos da amostra da população pesquisada, incorporando também votos nulos e brancos.
** Os dados referentes a grupos de cor foram, por razões de disponibilidade, tomados de pesquisa conduzida pelo Ipec e divulgada em 24 out. 2022. Os demais dados são de pesquisa do Datafolha divulgada em 27 out. 2022.

Uma vez no poder, Lula vem encontrando dificuldades, apesar dos sucessos sobretudo econômicos do primeiro ano de governo, para manter o apoio da maioria da população. Pesquisa de finais de março de 2023 indicava que nada menos que 58% dos entrevistados acreditavam que o presidente fez menos do que esperavam até aquela data. Não obstante, sua aprovação continuava expressiva entre aqueles que o apoiaram nas eleições, como os que ganham até dois salários mínimos.[66]

As redes bolsonaristas, por sua vez, dada sua capilaridade digital, continuavam muito ativas e capazes de entrar em ação muito rapidamente quando requisitadas. Esse foi o caso da manifestação de 25 de fevereiro de 2024 na avenida Paulista, em São Paulo, em solidariedade a Bolsonaro, dadas as evidências das investigações, ainda em curso quando da conclusão deste livro em abril de 2024, de que tentou articular um golpe de Estado para continuar no poder depois da derrota eleitoral de 2022. O Monitor do Debate Político no Meio Digital conduziu uma enquete junto aos manifestantes, a qual revelou resultados interessantes: ⅔ deles apresentavam nível de escolaridade superior. Nada menos que 88% dos presentes acreditavam que Bolsonaro, e não Lula, foi o verdadeiro ganhador das eleições de 2022. E mais: 94% acreditavam que os excessos do Poder Judiciário permitiam caracterizar a situação brasileira como uma ditadura.[67]

Conclusões

O capítulo 4 mostrou que as duas últimas décadas foram marcadas no Brasil por deslocamentos nas situações interseccionais de grupos inteiros da população, fato que desencadeou reações muito variadas. Grupos que perderam posições num determinado período, sejam elas politicamente classificadas como direitos ou como privilégios, se mostram descontentes com o estado de coisas. Até grupos que subiram nas hierarquias sociais podem também se frustrar com o ritmo das mudanças. Esse é certamente o caso da classe média emergente, que, mesmo tendo saído da condição de pobreza no começo do século XXI, tem posição social muito volátil e vulnerável a mudanças da conjuntura política e econômica.

As causas desses deslocamentos interseccionais são múltiplas: variações no mercado de trabalho em virtude de reestruturação produtiva global ou nacional, transformações dos padrões de família e sexualidade, variações na composição demográfica da população e, claro, as políticas públicas adotadas. Independentemente de suas causas, as reações às mudanças observadas atravessam os diversos espaços da vida social: das relações cotidianas e familiares aos locais de trabalho e à política institucionalizada.

O presente capítulo procurou mostrar como as reações aos deslocamentos das situações interseccionais reverberaram no âmbito da escola, nas disputas pelos espaços de classe média e na arena propriamente política. O exemplo do movimento Escola sem Partido mostrou como bandeiras políticas da direita e da extrema direita vão se fundindo com a insatisfação com a mudança nos padrões de sexualidade até transformar as angústias legítimas e corriqueiras de mães e pais com a educação dos filhos em pânico pela suposta doutrinação sexual e política das crianças pela esquerda e pelos marxistas culturais. O caso das classes médias, por sua vez, mostra como as aflições, sejam aquelas geradas pela perda de eficácia dos mecanismos diversos de manutenção de sua condição de classe média estabelecida, sejam aquelas motivadas pela volatilidade da condição de classe média emergente, geram sofrimento social e hostilidades de classe.

Nos diferentes períodos, discursos diversos competem pela significação dessas frustrações, angústias e expectativas. Ainda que tenha surgido muito antes de 2013 e não tenha sido elaborado exclusivamente no Brasil, o discurso ultraliberal, que exalta o individualismo, o autoempreendedorismo e vê o Estado como fonte da maior parte dos problemas sociais, vai ganhando força persuasiva, de sorte a acolher a insatisfação até então difusa contra as transformações que haviam sido observadas. Mais tarde, para citar os elementos da análise de discurso de Rodrigo Nunes, o punitivismo e a defesa da ordem acima da lei se fundiriam com o ultraliberalismo, constituindo um amálgama de significações de espectro muito mais amplo, na medida em que se mostra apto a abarcar também as insatisfações com a criminalidade e a violência, com a corrupção e com as supostas amarras para o desenvolvimento, e a abrigar também a defesa da moralidade conservadora. Esse repertório de traduções das angústias e expectativas existentes, constituído não no âmbito do sistema político, mas em âmbitos sociais diversos (mídia estabelecida, *think tanks* ultraliberais, influencers evangélicos etc.), é encampado por Bolsonaro e candidatos que o seguem, revelando em 2018 uma força eleitoral que surpreendeu todos os analistas. Esse repertório de significações conserva sua força, como mostram os resultados eleitorais de 2022 nas várias esferas do Executivo e do Legislativo.

Ainda que com menos agilidade, menos capilaridade digital e com mais escrúpulo no que diz respeito à veracidade dos conteúdos que difundem, também as forças que foram sendo identificadas pela mídia e na linguagem coloquial como "a esquerda" vão ajustando seus discursos, de sorte a vocalizar as angústias e aspirações decorrentes das situações interseccionais deslocadas. Nesse sentido, os destinatários desses discursos são, até a campanha eleitoral de 2018, sobretudo aqueles setores que ganharam com os deslocamentos observados nos governos do PT ou que já haviam perdido posições entre 2016 e 2018 durante o governo Temer: mulheres, negros, pobres, emergentes. A condução desastrosa da crise sanitária gerada pela pandemia de covid-19 e as ameaças reais à democracia durante o governo Bolsonaro levam as forças de esquerda a remodular seus discursos para incluir em seu repertório a defesa da vida e a proteção da democracia. Há um claro esforço de expandir o leque dos destinatários de tais discursos, de sorte a buscar incorporar, além daqueles que ganharam com o PT e perderam com Temer e Bolsonaro, também aqueles que se viam ameaçados pelo autoritarismo e pela necropolítica bolsonarista. O papel de diferentes atores da sociedade civil para ampliar o repertório de significações da esquerda, tornando-o apto a traduzir as novas angústias e aspirações durante o governo Bolsonaro, é notável. Esse repertório foi incorporado, ao menos em parte, pelos partidos de esquerda, como mostraram o programa de governo de Lula e a campanha presidencial de 2022, bem como a simbologia das ações do novo governo (busca de um gabinete diverso, a subida da rampa de Lula no dia da posse acompanhado de diversas lideranças de movimentos de minorias etc.). A despeito desses gestos, a queda significativa na aprovação do governo e do presidente em exercício indicava em abril de 2024, quando este livro foi concluído, limites inegáveis da "esquerda" para vencer a direita na luta pela significação e vocalização das ansiedades e expectativas da maioria da população.

Conclusões

A leitura abrangente das sociedades nos termos formulados por Max Weber há mais de um século representa até hoje um grande desafio para as ciências sociais. Com sua defesa de uma sociologia compreensiva (*verstehende Soziologie*), que fosse capaz de "explicar compreendendo", Weber chamava a atenção para o fato de que a explicação para a ação humana não está nem nas estruturas supostamente objetivas nem nas disposições subjetivas dos agentes sociais, mas na relação complexa e complicada entre ambas.[1]

Vistos pelas lentes da ambição analítica da leitura compreensiva do mundo, os três blocos de explicações apresentados na introdução deste livro para a inesperada adesão da maioria dos brasileiros à extrema direita em 2018, isto é, as explicações econômicas, ideológicas e culturais, pecam pela unidimensionalidade. Enquanto as explicações econômicas se esquecem de levar em conta a dimensão subjetiva das transformações sociais, os que explicam as transformações observadas pelas disposições culturais ou pela adesão racional às ideologias de direita que teriam logrado, nos últimos anos, incrementar seu valor no mercado político reduzem as razões da ação à esfera da subjetividade ou da racionalidade de grupos e indivíduos, ignorando suas bases materiais. Não é que as explicações existentes sejam ruins. Ao contrário, são excelentes. Mas, tomadas isoladamente, elas são incompletas e, portanto, insuficientes para explicar as transformações observadas nos termos compreensivos reclamados por Weber.

Desiguais e divididos representa, de algum modo, um esforço de juntar essas distintas abordagens de sorte a criar uma explicação abrangente para o que aconteceu e vem acontecendo. É como se eu tivesse encontrado sobre a mesa centenas de peças de um quebra-cabeça, algumas maiores, outras menores, algumas mais nítidas, outras menos. Tratei de descartar as peças que me pareciam muito frágeis e quebradiças, apoiando-me nas mais sólidas para formar uma imagem única, a *big picture* que mencionei na introdução. O resultado foi o que você leu no livro.

Nestas conclusões, gostaria, primeiro, de nomear os principais achados da empreitada, ou seja, tento descrever a imagem que se formou depois de montado o quebra-cabeça. Em seguida apresento algumas peças que sobraram ou simplesmente não se encaixaram bem na imagem que se formou. São excedentes de sentido que não cabem ou cabem mal nos significantes teóricos criados para enquadrá-los. Certamente leitoras e leitores encontrarão outras peças mal encaixadas que escaparam à minha atenção. No fundo, essa é mesmo uma das motivações mais importantes para escrevermos artigos e livros acadêmicos. Pesquisamos e escrevemos para sermos flagrados, para que outros descubram inconsistências e incoerências no argumento desenvolvido que nos passaram despercebidas.

Os contornos do todo

Nem mesmo o conservador mais empedernido nega que a chegada de Lula ao poder em 2003, carregando consigo sua história de nordestino, refugiado das más condições de vida, de torneiro mecânico e sindicalista, representa uma cesura, um ponto de corte na história do país que, se não se orgulha, ao menos não se envergonha de ser um dos mais desiguais do mundo. A eleição de Lula em 2003 indicava que uma parte significativa dos brasileiros queria que o Brasil fosse um país um pouco menos desigual.

Com sentido inverso, a eleição de Bolsonaro em 2018, com sua história de militar fracassado e parlamentar sem expressão e seu aberto discurso bélico contra o que muitos consideravam ser as grandes conquistas democráticas e sociais das últimas décadas, também representa um divisor de águas. Afinal, até então, o país amava se apresentar como suprassumo da convivência harmônica em meio a um mundo de guerras e cisões de toda ordem. Ao eleger Bolsonaro, uma parte significativa dos brasileiros mostrou que pouco se importa com a desigualdade e, além disso, não teme divisões. Se antes apreciava o consenso e a harmonia, agora aprendeu a gostar da guerra de opiniões e afetos.

A tarefa confessadamente imodesta que este livro, em tudo o mais muito modesto, se propôs foi não só mostrar que essas duas inflexões profundas na história recente do Brasil estão interconectadas, mas também tentar provar que elas têm causas comuns. Para encontrar as conexões entre esses dois momentos, foi preciso desenvolver um vocabulário teórico próprio, num esforço antropofágico de digerir e colocar em contato matrizes teóricas que normalmente frequentam livros e ambientes diferentes, de Marx e Weber ao estruturalismo e o pós-estruturalismo.

Se imaginarmos que as transformações observadas no Brasil são ondas marítimas, é razoável afirmar que a primeira era do PT no poder, e particularmente o período que vai de 2003 a 2014, representa um ciclo de ondas moderadas que desordenam as hierarquias sociais. Traduzido no vocabulário deste livro, isso significa que há deslocamentos importantes nas situações interseccionais de grupos muito variados. Pobres se tornam um pouco menos pobres. Desigualdades relativas a gênero, raça, etnicidade e sexualidade, mesmo que refratárias a mudanças rápidas, entram mais enfaticamente na agenda das políticas públicas. A renda das classes médias estabelecidas cresceu no período bem menos que a renda dos milionários e dos pobres, embaralhando as (auto)percepções de classe. Nesse contexto, os mecanismos usados pelas classes médias para se reproduzir como classe média, desde investimento em educação privada até a performance corporal de quem quer mandar e ser obedecido, já não têm a mesma eficácia para garantir uma distância segura em relação aos pobres e emergentes. Brancos e homens passam por experiência semelhante. Sua pretensa superioridade sobre negros e mulheres é abalada em diferentes esferas sociais: das relações cotidianas à representação na publicidade e nas novelas da TV Globo.

Nesse ciclo de ondas moderadas de desordenação de hierarquias, há áreas localizadas onde o mar é mais revolto. Assim, mesmo setores que ganharam renda ou mais atenção pública nesse ciclo, por exemplo, perderam posições no campo das desigualdades existenciais e das desigualdades ambientais em espaços urbanos e rurais cada vez mais hostis e inabitáveis.

Recorde-se que políticas de governo são apenas um dos fatores que desencadeiam essas ondas de desordenação (ou reordenação) das hierarquias. Transformações culturais nos padrões de família e sexualidade, ciclos da economia global, mobilizações e movimentos sociais, crescimento exponencial do poder de fogo do crime organizado, entre outros fatores, são igualmente determinantes desses deslocamentos nas desigualdades. É, contudo, na política e particularmente nas eleições que cidadãos buscam o acerto de contas com as mudanças que vêm se dando e influenciam sua vida.

A partir de 2014, a economia do país entra em nítido declínio, gerando perdas de renda e riqueza para todos os setores.

A crise econômica é a senha que leva o ciclo de ondas leves de desordenação das hierarquias a se converter num oceano agitado de apelos enfáticos pela reordenação e restauração das assimetrias. Ao mesmo tempo, parlamentares e muito ricos começam a ver o balcão de negócios onde políticos trocavam o acesso privilegiado a recursos públicos por dinheiro para si mesmos ou para seus partidos ameaçado pela Operação Lava Jato. Tornou-se urgente "resolver essa porra", "estancar essa sangria", conforme sintetizou, com clareza e precisão de fazer inveja aos cientistas sociais mais arrojados, o deputado Romero Jucá na ocasião. Essa é a combinação de emoções políticas e interesses que levou ao impeachment de Dilma Rousseff e, pouco mais de dois anos depois, à eleição de Bolsonaro.

A despeito de suas limitações insofismáveis como gestores públicos, Temer e Bolsonaro contribuíram significativamente para reordenar as hierarquias. Depois de seus governos, pobres se tornaram outra vez mais pobres, emergentes voltaram à pobreza e a classe média estabelecida recuperou parte de sua renda e de seus espaços sociais exclusivos. Ricaços, os brasilionários, como a eles se referiu o jornalista Alex Cuadros,[2] recuperaram seus canais de acesso fácil a recursos públicos e ganharam até novos espaços para fazer dinheiro, na medida em que regras ambientais foram relaxadas ou empresas públicas lucrativas foram privatizadas. Mulheres, indígenas, quilombolas e população LGBT perderam o lugar que tinham nas políticas públicas. Foi só mesmo através de suas mobilizações e nas lutas cotidianas por igualdade, literalmente pondo seus corpos em cena, que esses grupos conseguiram, ao menos em parte, conter o movimento de reordenação das hierarquias em suas áreas de ação política.

Lula foi reeleito em 2022 prometendo conter a sangria do outro lado do espectro político, isto é, reverter o ciclo de perdas de direitos e recursos por parte dos mais vulneráveis. Além disso, foi eleito por sua defesa daquilo que, no vocabulário usado neste livro, pode ser chamado de direitos existenciais, a saber, a proteção da vida e da democracia. Seu primeiro um ano e pouco de governo, em condições políticas muito mais difíceis que em seus mandatos anteriores, permite identificar uma vez mais as zonas mais e menos rígidas das hierarquias sociais. Nesse curto período já há, por exemplo, sinais efetivos de redução da pobreza aguda. Ao mesmo tempo, do lado das desigualdades inflexíveis, não há sinal algum de que em seu mandato conseguirá reduzir o apetite do 1% mais rico. A reforma tributária muito generosa para com os milionários, aprovada no primeiro ano de governo, é seguramente apenas a primeira batalha perdida na guerra por desordenar essas zonas rígidas das hierarquias.

Em linhas muito gerais, quem melhorou sua situação interseccional com as desordenações das hierarquias sociais observadas na primeira era do PT no poder ou quem perdeu com a reordenação das desigualdades vivida durante a guinada à direita apresentou maior propensão a apoiar candidatos da esquerda nas eleições. No campo oposto, quem viu sua situação interseccional piorar com o PT ou subiu de posição durante os governos de Temer e Bolsonaro parece mais inclinado a apoiar a direita.

Mas, cuidado, é preciso ir devagar com o andor: "explicar compreendendo" essas propensões exige enorme prudência. Primeiro, não é fácil definir quem perdeu e quem ganhou posições interseccionais. E, além disso, e essa é a parte mais difícil, não há teoria ou algoritmo que defina previamente como perdedores e ganhadores, do ponto de vista objetivo, significam, subjetivamente, essas perdas e esses ganhos. Parafraseando a citação de Stuart Hall no capítulo 3, a tarefa posta não é, portanto, saber como lulistas e bolsonaristas descobriram "os pensamentos necessários e inevitáveis que lhes pertencem", mas sim saber como discursos — da esquerda à extrema direita — encontraram seus adeptos.

A máquina digital montada pela extrema direita tem seguramente um papel fundamental para explicar como as ideologias extremistas encontraram seus sujeitos, isto é, foram abraçadas por pessoas concretas como meio de explicar suas angústias e expectativas. Para isso contribuíram não só a capilaridade e a eficácia da máquina direitista, mas as possibilidades de ação política que a máquina digital criou para "pessoas comuns" normalmente ignoradas pela política estabelecida. Nas redes da direita, pessoas que, quando muito, eram alvos de políticas públicas, mas nunca cidadãos, se viram de repente responsáveis pela gestão de grupos de WhatsApp ou pela coordenação de campanhas de difusão em massa de mensagens políticas. Por essa via, o motorista de Uber ou a dona de casa, até então sem nenhuma atuação política digna de nota, se converteram, segundo sua própria percepção de si, em sujeitos políticos, donos de ideias e de um espaço de ação próprios.

Em seus conteúdos e dramaturgia, a extrema direita foi capaz de convencer seus adeptos de que já terão feito a escolha política certa se conseguirem preservar sua liberdade, suas formas de vida, como família heteronormativa, como trabalhadores autônomos ou como "pessoas de bem" proprietárias de um carro usado ou um telefone celular. Ou seja, não foi preciso nem mesmo prometer melhorias materiais. A promessa de proteção contra as ameaças do comunismo, do marxismo cultural e da ideologia de gênero, moinhos de vento que a própria extrema direita construiu como monstros abomináveis, já foi o bastante para garantir, em 2018, a adesão da maioria da população votante à extrema direita.

A esquerda partidária foi e continua muito menos competitiva no campo digital e, de forma geral, no âmbito da capacidade de gerar novos meios de tradução política das ansiedades dos cidadãos. Não obstante, o maior ancoramento dos conteúdos progressistas nos movimentos sociais, nas redes de autoajuda nos bairros, nos coletivos feministas e antirracistas ou mesmo nas universidades e no mercado editorial parecem ter garantido até o momento dinamismo e agilidade da esquerda para entender angústias e expectativas difusas e traduzi-las em vocabulário atraente e persuasivo. Isso explica, em parte, como um partido como o PT, que desde sua criação há mais de quatro décadas nunca se renovou de fato, continue competitivo a ponto de ganhar eleições majoritárias.

Seja como for, a corrida entre discursos opostos para significar novos e velhos sofrimentos sociais, bem como velhas e novas expectativas individuais, continua aberta e indefinida. O país que sempre foi desigual é agora um país inexoravelmente dividido.

Peças mal encaixadas

Montado o quebra-cabeça, algumas das peças que sobraram ou ficaram mal encaixadas saltam aos olhos. A primeira são os evangélicos, que passaram de 26 milhões ou 15% da população em 2000 para quase um terço dos brasileiros ou cerca de 65 milhões de pessoas hoje. Os grupos populacionais reunidos em torno da categoria evangélico são, certamente, muito heterogêneos em todos os sentidos, até do ponto de vista religioso. Dependendo da denominação religiosa que seguem, podem ser mais ou menos conservadores nos costumes, mais ou menos influenciados por seus líderes religiosos em suas escolhas políticas e assim por diante. Não obstante, a propensão desses grupos a votar em Bolsonaro e outros candidatos da extrema direita ficou muito marcada tanto em 2018 quanto em 2022. Isso coloca problemas evidentes para um dos argumentos centrais deste livro, isto é, o vínculo, ao menos como tendência, entre os deslocamentos na situação interseccional e as escolhas políticas. Afinal, ao desafiar a hegemonia católica, o crescimento exponencial dos evangélicos desordena as hierarquias religiosas. Sua adesão à direita e à extrema direita, portanto, não cabe na tese mais ampla aqui exposta, segundo a qual quem quer ou ao menos admite a desordenação das hierarquias tendeu, nas duas últimas décadas, a votar nos candidatos do PT. A favor do argumento geral do estudo, pode-se arguir que o que conta é a situação interseccional em seu conjunto, isto é, como posição entrelaçada nas múltiplas hierarquias. Assim, se é verdade que os evangélicos, do ponto de vista religioso, são uma minoria que sofre o estigma, a discriminação e as desvantagens próprias à sua posição minoritária, do ponto de vista de outras assimetrias, como as referentes a gênero e sexualidade, evangélicos, sobretudo os mais conservadores, querem restaurar as hierarquias tradicionais.

Outra peça do quebra-cabeça, muito tratada na literatura, mas pouco tratada neste livro, é o poder da máquina digital de direita para criar, através da divulgação deliberada de mentiras, uma visão distorcida da realidade. Não há dúvida de que o aparato digital da direita tem enorme capacidade de difundir afirmações reconhecidamente falsas e intercruzá-las com outras referências, de sorte a ocultar sua origem fantasiosa e dar credibilidade a histórias simplesmente inventadas. É muito difícil, contudo, saber como essas histórias fantasiosas são assimiladas efetivamente, isto é, como são processadas na cabeça de quem as recebe. Há estudos de recepção que buscam detectar esses processos, mas não há resultados de pesquisa que possam ser generalizados para populações inteiras. De forma esquemática, é possível supor que essas histórias operam ou no nível ideológico ou no nível ontológico.

O âmbito ideológico diz respeito às disputas de sentido aqui discutidas, isto é, às disputas por interpretar de maneiras diversas um mundo que é compartilhado, em termos de percepção, pelos contraentes. Assim, enquanto a esquerda vê, por exemplo, a criminalidade como reflexo da desigualdade ou da presença insuficiente do Estado nas zonas mais violentas, a extrema direita pode entender que o respeito aos direitos humanos dos criminosos é que alimenta a criminalidade. Mesmo que use estatísticas falsas para sustentar sua tese, a extrema direita estaria, nesse caso, disputando ideologicamente a significação da criminalidade, problema também reconhecido pela esquerda. Se a difusão de notícias fantasiosas opera somente nesse nível ideológico, o argumento central deste livro, ou seja, o vínculo contingente entre deslocamentos na situação interseccional e escolhas políticas, não é afetado.

Se a questão é, contudo, de fundo ontológico, isto é, se *fake news* criam um outro mundo com lógica e regras próprias, a hipótese geral que orienta *Desiguais e divididos* fica comprometida. Ou seja, se as histórias inventadas têm o poder, por exemplo, de fazer seus receptores acreditarem que Bolsonaro é um messias enviado dos céus para salvar o Brasil do comunismo, a relação entre situação interseccional e escolhas políticas deixaria de existir. Nesse caso, escolhas políticas seriam infensas às disputas de sentido que se dão nos espaços comunicativos reais e digitais, já que derivam de uma crença refratária à força dos argumentos. Isto é, aqui já não se trata de opiniões diversas sobre o mesmo mundo, mas de opiniões que podem ser até semelhantes, que, contudo, se referem a mundos que são diversos.

Mesmo sem poder medir com precisão o impacto preciso das *fake news*, parece razoável supor que o grosso de sua repercussão está no âmbito ideológico, ou seja, diz respeito a diferentes maneiras de significar o mundo partilhado, perceptivamente, mesmo pelos adversários políticos mais radicais. Os casos em que histórias fantasiosas criam um mundo paralelo, levando pessoas a rezar por um pneu ou pedir intervenção extraterrestre na política brasileira, como se deu no ciclo de protestos contra os resultados das eleições de 2022, são uma excepcionalidade. Eles não determinam o jogo político.

Finalmente, a terceira peça mal encaixada é menos algo que não cabe na história que busquei contar neste pequeno livro. Trata-se da inquietação analítica e política com respeito aos milionários. Não é fácil explicar sua imunidade e influência políticas. Há grupos inteiros que se mostram indignados, por exemplo, com o fato de que pessoas egressas de escolas públicas possam ser "privilegiadas" por cotas de admissão nas universidades públicas. Ao mesmo tempo, descontadas as ondas de descontentamento esporádicas como as ocorridas no âmbito do ciclo de protesto do movimento Occupy, pouca gente se indigna contra o 1% que é dono de praticamente metade de toda a riqueza e um quarto da renda do país — e mais: vem aumentando sucessivamente sua parte do bolo. Quando consideramos somente o 0,1% mais rico, a desigualdade se mostra ainda mais grotesca. Como vimos, entre 2006 e 2021, a despeito de todas as crises e intempéries, o 0,1% mais rico viu sua parte apropriada do total da riqueza crescer de 12% para 18%. Trata-se de cerca de 38 mil declarantes de imposto de renda com renda média mensal que, em 2022, variava de 300 mil reais no Amapá a 1,6 milhão de reais em São Paulo e Mato Grosso.[3] A redistribuição de uma pequena parcela da riqueza e da renda desse grupo já seria suficiente para eliminar a pobreza no Brasil. Como "explicar entendendo" a absoluta impossibilidade política do óbvio ululante, ou seja, a necessidade imperiosa de transformar uma partezinha dos privilégios desse 1% ou mesmo desse 0,1% da população em direitos — a saúde e educação decentes, a cidades habitáveis, a moradia digna — para o restante da população? E mais: por que, além de imunes a críticas, os brasilionários são tão influentes? Quais são os canais de que dispõem para, sem disputar diretamente eleições, terem sempre no Legislativo e no Executivo, em todos os níveis de governo, políticos que fazem de tudo para agradá-los? A pergunta é particularmente intrigante depois que a minirreforma política de 2017 estabeleceu o financiamento público dos partidos, tornando-os, ao menos em tese, independentes de grandes doadores para as campanhas eleitorais. Há outras perguntas não respondidas com relação aos milionários. Como conseguiram e conseguem ocultar por tanto tempo algo que é tão evidente, ou seja, o fato de que, se diminuíssem minimamente seu apetite por renda e riqueza, todos viveriam melhor? As respostas podem parecer óbvias, mas não são. Ao menos o que encontrei na literatura são respostas ou muito abstratas, do tipo captura do Estado, feudalização e oligarquização da política, ou muito específicas, isto é, estudos de casos importantes, mas que não permitem generalizações. Ao fim e ao cabo, sabemos pouco ou nada sobre como é possível que 38 mil reis circulem pelo Brasil, nus na ostentação de sua riqueza, sem que, como no conto de Andersen, apareça alguém para articular o que todo mundo está vendo, mas por alguma razão misteriosa não diz: "Vocês são a desigualdade!".

Agradecimentos

Este livro retoma argumentos e formulações desenvolvidos em pesquisas e trabalhos que publiquei nos últimos anos — ver as referências bibliográficas no final. Esses trabalhos anteriores foram atualizados, reescritos e largamente adaptados para amoldá-los ao formato monográfico. Como qualquer processo de produção de conhecimento, *Desiguais e divididos*, apesar de ser assinado por mim, responsável único por suas insuficiências, é um trabalho dialógico e coletivo. Para desenvolver as reflexões elaboradas aqui beneficiei-me, além do apoio das instituições que me mantêm e financiam, de intercâmbios com colegas em vários contextos nos quais partes deste trabalho foram discutidas. Sem poder nomear todas as pessoas que contribuíram para este livro, gostaria ao menos de caracterizar alguns dos ambientes acadêmicos e nomear alguns colegas com os quais discuti partes dele.

Agradeço aos participantes do colóquio de sociologia do Instituto de Estudos Latino-Americanos da Freie Universität Berlin, incluindo-se, entre eles, nossos mestrandos e doutorandos e pesquisadores visitantes. Um agradecimento especial cabe a Renata Motta, com quem dividi a coordenação do colóquio por vários anos. Agradeço também muito especialmente a Marcos Nobre, Guilherme Leite Gonçalves, José Maurício Domingues, Elizabeth Jelin, Lena Lavinas, Eloísa Martín, Claudio Pinheiro e Omar Ribeiro Thomaz, colegas e amigos de toda uma vida, com os quais não me canso de aprender. Guilherme, além do mais, com a generosidade e a sagacidade que lhe são próprias leu e comentou uma versão prévia deste livro. No Instituto de Estudos Latino-Americanos me beneficiei e me beneficio dos diálogos sempre estimulantes com todos os colegas e particularmente com Marianne Braig, Barbara Fritz, Susanne Klengel, Stephanie Schütze, Stefan Rinke, Raquel Rojas, Juliana Streva, Myriam Sauer e Fabio Santos. Igualmente caras são as discussões que temos desenvolvido no âmbito do Centro Mecila. Agradeço aos colegas do Mecila a cooperação intelectual sempre justa e muito estimulante.

Notas

Introdução [pp. 9-21]

1. Amory Gethin e Marc Morgan, "Brazil Divided: Hindsights on the Growing Politicisation of Inequality (WID.world Issue Brief 2018/3)", World Inequality Database, 2018; Amory Gethin e Marc Morgan, "Democracy and the Politicization of Inequality in Brazil, 1989-2018 (Working Paper 2021/07)", World Inequality Lab, 2021.
2. Todas as citações em língua estrangeira foram traduzidas livremente pelo autor.
3. André Singer, *Os sentidos do lulismo: Reforma gradual e pacto conservador*. São Paulo: Companhia das Letras, 2012; André Singer, *O lulismo em crise: Um quebra-cabeça do período Dilma (2011-2016)*. São Paulo: Companhia das Letras, 2018.
4. Armando Boito Jr. e Tatiana Berringer, "Brasil: Classes sociais, neodesenvolvimentismo e política externa nos governos Lula e Dilma", *Revista de Sociologia e Política*, Curitiba, v. 21, n. 47, p. 32, 2013.
5. Armando Boito Jr., "O caminho brasileiro para o fascismo", *Caderno CRH*, Salvador, v. 34, p. 6, 2021.
6. Alfredo Saad-Filho, "Endgame: From crisis in neoliberalism to crises of neoliberalism", *Human Geography*, Thousand Oaks, v. 14, n. 1, p. 135, 2021, grifos no original.
7. Ver Mario Fuks e Pedro Henrique Marques, "Contexto e voto: O impacto da reorganização da direita sobre a consistência ideológica do voto nas eleições de 2018", *Opinião Pública*, Campinas, v. 26, n. 3, pp. 401-30, 2020.
8. Ver Debora Messenberg, "A direita que saiu do armário: A cosmovisão dos formadores de opinião dos manifestantes de direita brasileiros", *Sociedade e Estado*, Brasília, v. 32, n. 3, pp. 621-47, 2017.
9. Ver diferentes contribuições em Esther Solano (Org.), *O ódio como política: A reinvenção das direitas no Brasil* (São Paulo: Boitempo, 2018), e Esther Solano e Camila Rocha (Orgs.), *A direita nas redes e nas ruas* (São Paulo: Expressão Popular, 2019).

10. Mario Fuks e Pedro Henrique Marques, op. cit., p. 417.
11. Ver Monalisa Soares Lopes, Grazielle Albuquerque e Gabriella Maria Lima Bezerra, "'2018, a batalha final': Lava Jato e Bolsonaro em uma campanha anticorrupção e antissistema", *Civitas: Revista de Ciências Sociais*, Porto Alegre, v. 20, n. 3, pp. 377-89, 2020.
12. Patricia de Santana Pinho, "Whiteness Has Come Out of the Closet and Intensified Brazil's Reactionary Wave", em Benjamin Junge et al. (Orgs.), *Precarious Democracy*. Ithaca: Rutgers University Press, 2021, p. 66.
13. Rosana Pinheiro-Machado e Lucia Mury Scalco, "Da esperança ao ódio: A juventude periférica bolsonarista", em Esther Solano Gallego (Org.), *O ódio como política: A reinvenção das direitas no Brasil*. São Paulo: Boitempo, 2018, p. 97.
14. Ronaldo de Almeida, "Bolsonaro presidente: Conservadorismo, evangelismo e a crise brasileira", *Novos Estudos Cebrap*, São Paulo, v. 38, n. 1, pp. 185-213, 2019.
15. Para uma síntese: Sérgio Costa, "Millionaires, the Established, the Outsiders, and the Poor: Social Structure and Political Crisis in Brazil", em Elizabeth Jelin, Renata Motta e Sérgio Costa (Orgs.), *Global Entangled Inequalities: Conceptual Debates and Evidence from Latin America* (Londres: Routledge, 2017).
16. Ver James Cohen, "Latinos in the United States: Mestizo Logics vs. the Black-White Binary?", *e-Rea — Revue Électronique d'Études sur le Monde Anglophone*, online, 20 jan. 2022.
17. A dificuldade moral e política do argumento da branquitude aspiracional reside na suposição implícita de uma superioridade cognitiva de quem analisa as relações sociais e identifica, entre setores da população, a presumida branquitude aspiracional. Isto é, formas de vida são classificadas por quem as analisa como ilegítimas e equivocadas porque não correspondem à "real" inserção nas hierarquias raciais e sociais de quem as protagoniza. Mal comparando, a branquitude aspiracional funciona, nos estudos críticos sobre racismo, como a ideia de alienação usada por marxistas mais ortodoxos para se referir aos membros da classe trabalhadora que, supostamente, se comportam como pequeno-burgueses.
18. Max Weber, *Wirtschaft und Gesellschaft: Grundriss der verstehenden Soziologie* [1922]. Tubinga: J. C. B. Mohr, 1956, p. 533.
19. Stuart Hall, "On Postmodernism and Articulation: An Interview with Stuart Hall", em David Morley e Kuan-Hsing Chen (Orgs.), *Stuart Hall Critical Dialogues in Cultural Studies* [1986]. Londres: Routledge, 1996, pp. 131-50.
20. Ao mostrar que posições políticas são sempre articuladas a partir de um lugar específico das hierarquias interseccionais, espero poder

contribuir com o capítulo para desfazer os equívocos conceituais presentes na disputa vã entre reivindicações "identitárias" e "universalistas", a qual volta e meia assola as forças progressistas (não só) no Brasil. Como aprendemos há décadas com Donna Haraway em "Situated Knowledges: The Science Question in Feminism and the Privilege of Partial Perspective" (*Feminist Studies*, Washington, v. 14, n. 3, pp. 575-99, 1988), quaisquer conhecimentos — como também quaisquer discursos políticos — são sempre situados. Na ciência como na política, o suposto universal não é uma definição conceitual, mas uma relação de poder. Conhecimentos e posições políticas supostamente universais são aqueles que lograram ocultar seu caráter situado ou, nos termos do debate político, sua identidade.

1. Desigualdades multidimensionais, interseccionais e entrelaçadas [pp. 23-40]

1. Normalmente, o ciclo de domínio da centro-esquerda na América Latina, em seu conjunto, é referido na literatura como *pink tide* — ou maré rosa — e compreende os seguintes países e períodos: Argentina (2003-15), Bolívia (2006-19), Brasil (2003-15), Chile (2006-10, 2014-8), Equador (2007-17), El Salvador (2009-19), Nicarágua (desde 2007), Paraguai (2008-12), Peru (2011-6), Uruguai (2005-19) e Venezuela (desde 1999). Ver Francesc Badia i Dalmases e Sérgio Costa (Orgs.), *¿Condenados a la Desigualdad? De la Marea Rosa al Giro a la Derecha*. Barcelona: Open Democracy; Berlim: LAI, 2018.

2. Ver Mylène Gaulard, "Balance sobre la cuestión de las desigualdades en Brasil", *Revista Problemas del Desarrollo*, Cidade do México, v. 166, n. 42, pp. 111-34, 2011; Lena Lavinas, "21st Century Welfare", *New Left Review*, Londres, v. 84, n. 6, pp. 5-40, 2013; Nora Lustig, Corola Pessino e John Scott, "The Impact of Taxes and Social Spending on Inequality and Poverty in Argentina, Bolivia, Brazil, Mexico, Peru and Uruguay: An Overview", CEQ Working Paper n. 13, 2013.

3. Sérgio W. Gobetti e Rodrigo Orair, em "Taxation and Distribution of Income in Brazil: New Evidence from Personal Income Tax Data" (*Brazilian Journal of Political Economy*, São Paulo, v. 37, n. 2, pp. 267-86, 2017), por exemplo, mostram que a simples introdução de uma tributação de 15% para os lucros financeiros e de capital combinada com alíquotas de 35% e 40% para altos salários poderia reduzir o coeficiente de Gini em cerca de 20%. Isso seria mais do que o que foi alcançado durante os doze primeiros anos das administrações petistas, ao que consta, o período mais bem-sucedido em termos de redução da desigualdade na história

brasileira. A reforma tributária finalmente concretizada em 2023 não cumpre essas funções redistributivas. Volto a esse ponto no capítulo 4.

4. Economistas usam a expressão "desindustrialização precoce" para se referir à queda abrupta da participação da produção industrial no produto interno bruto antes que o processo de industrialização tenha se completado. Argumenta-se que a desindustrialização brasileira, além de fatores globais, como enfatizado por Célio Hiratuka e Fernando Sarti em "Transformações na estrutura produtiva global, desindustrialização e desenvolvimento industrial no Brasil" (*Brazilian Journal of Political Economy*, São Paulo, v. 37, n. 1, pp. 189-207, 2017), é motivada por uma combinação de fatores internos: o real supervalorizado (até 2015) leva ao estímulo da importação de produtos industrializados, enquanto as altas taxas de juros e os baixos níveis de captação de capital estrangeiro limitam os investimentos na inovação tecnológica e na produção industrial. A reprimarização, por sua vez, se refere à crescente participação dos produtos agropecuários e advindos da mineração na pauta de exportação, de acordo com Paul Cooney, "Reprimarization: Implications for the Environment and Development in Latin America: The Cases of Argentina and Brazil" (*Review of Radical Political Economics*, Thousand Oaks, v. 48, n. 4, pp. 553-61, 2016). A financeirização, para resumir em uma frase um debate longo e difícil, trata do padrão de acumulação capitalista, no qual "todos os tipos de ativos financeiros crescem mais que a economia real", segundo Lena Lavinas, "The Collateralization of Social Policy under Financialized Capitalism" (*Development and Change*, Oxford, v. 49, n. 2, pp. 504-5, 2018).

5. Juan P. Pérez Sáinz, *Mercados y bárbaros: La persistencia de las desigualdades de excedente en América Latina*. Quito: FLACSO, 2014, cap. 1, pp. 33-66.

6. Para uma crítica muito precisa, ver Manuela Boatcă e Julia Roth, "Unequal and Gendered: Notes on the Coloniality of Citizenship" (*Current Sociology*, Londres, v. 64, n. 2, pp. 191-212, 2016).

7. Ver Lena Lavinas, "21st Century Welfare", op. cit.

8. Norbert Elias, *Was ist Soziologie?* Munique: Juventa, 1971, pp. 142-3.

9. Göran Therborn, *The Killing Fields of Inequality*. Cambridge: Polity, 2013, p. 49.

10. Kristina Dietz, "Researching Inequalities from a Socio-Ecological Perspective", em Elizabeth Jelin, Renata C. Motta e Sérgio Costa (Orgs.), *Global Entangled Inequalities*, op. cit., p. 84.

11. Ver Frances Stewart, "Por qué persisten las desigualdades de grupo? Las trampas de la desigualdad horizontal", em Félix Jiménez (Org.), *Teoría económica y desigualdad social: Exclusión, desigualdad y democracia: Homenaje a Adolfo Figueroa*. Lima: Fondo Editorial de la PUC-Perú, 2010.

12. Ver Charles Tilly, *Durable Inequality*. Los Angeles: University of California Press, 1999.
13. Floya Anthias, "Social Categories, Embodied Practices, Intersectionality: Towards a Translocational Approach", em Daniela Célleri, Tobias Schwarz e Bea Wittger (Orgs.), *Interdependencies of Social Categorisations*. Madri: Iberoamericana; Frankfurt: Vervuert, 2013, pp. 7-26; Floya Anthias, "Interconnecting Boundaries of Identity and Belonging and Hierarchy-Making within Transnational Mobility Studies: Framing Inequalities", *Current Sociology*, Londres, v. 64, n. 2, pp. 172-90, 2016; Floya Anthias, *Translocational Belongings: Intersectional Dilemmas and Social Inequalities*, Londres: Routledge, 2021.
14. Patricia Hill Collins e Sirma Bilge, *Intersectionality*. 2. ed. Cambridge: Polity, 2020.
15. Ver Kimberle Creenshaw, "Demarginalizing the Intersection of Race and Sex: A Black Feminist Critique of Antidiscrimination Doctrine, Feminist Theory and Antiracist Politics", *University of Chicago Legal Forum*, Chicago, v. 1989, n. 1, 1989.
16. Elizabeth Jelin, em "Unequal Differences: Gender, Ethnicity/Race and Citizenship in Class Societies (Historical Realities, Analytical Approaches)", em Elizabeth Jelin, Renata C. Motta e Sérgio Costa (Orgs.), *Global Entangled Inequalities*, op. cit., mostra que, na América Latina, as interseções entre etnicidade e classe, raça e classe ou sexo/gênero e classe já vinham sendo estudadas desde os anos 1950, por meio de autoras e autores como Rodolfo Stavenhagen, Florestan Fernandes ou Heleieth Saffioti. As condições desiguais de circulação do conhecimento acadêmico não permitiram, contudo, que esses predecessores ganhassem a mesma visibilidade internacional conferida aos importantes debates sobre interseccionalidade iniciados pelas feministas negras estadunidenses a partir de final dos anos 1980.
17. Ver Manuela Boatcă e Julia Roth, op. cit.
18. Ver discussão a esse respeito na excelente introdução de Mara Viveros Vigoya aos debates sobre interseccionalidade: *Interseccionalidad: Giro decolonial y comunitário*. Buenos Aires: Clacso; Amsterdam: TNI, 2023, p. 82 ss.
19. Por exemplo, Luis F. López-Calva e Nora Lustig (Orgs.), *Declining Inequality in Latin America: A Decade of Progress?* (Baltimore: Brookings Institution Press, 2010).
20. Charles Tilly, *Durable Inequality*, op. cit.
21. Ver Kelly Hoffman e Miguel A. Centeno, "The Lopsided Continent: Inequality in Latin America", *Annual Review of Sociology*, Palo Alto, v. 29, pp. 263-90, 2003; George R. Andrews, *Afro-Latin America, 1800-2000*. Oxford: Oxford University Press, 2004; Manuel Góngora-Mera, Vera

Santos Rocío e Sérgio Costa, *Entre el Atlántico y el Pacífico Negro: Afrodescendencia y Regimes de Desigualdad en Sudamérica*. Frankfurt: Iberoamericana-Vervuert, 2019.

22. Jairo Baquero Melo, *Layered Inequalities: Land Grabbing, Collective Land Rights, and Afro-Descendant Resistance in Colombia*. Berlim: LIT, 2015.
23. Ver Sérgio Costa, "Researching Entangled Inequalities in Latin America: The Role of Historical, Social, and Transregional Interdependencies", desiguALdades.net, Working Paper n. 9, 2011; Manuel Góngora-Mera, "Transregional Articulations of Law and Race in Latin America: A Legal Genealogy of Inequality", em Elizabeth Jelin, Renata C. Motta e Sérgio Costa (Orgs.), *Global Entangled Inequalities*, op. cit., pp. 42-58.
24. Joan Acker, em "Inequality Regimes: Gender, Class, and Race in Organizations" (*Gender & Society*, Cambridge, Massachusetts, v. 20, n. 4, pp. 441-64, 2006), desenvolveu a expressão "regime de desigualdade" e com ela todo um programa de pesquisa dedicado a explorar as relações entre gênero, raça e classe dentro de organizações. Seu trabalho é uma contribuição poderosa às discussões sobre interseccionalidade, mas não trata da dimensão transnacional ou histórica da desigualdade. Portanto, a despeito das semelhanças semânticas, a expressão "regime de desigualdade" usada aqui tem pouco em comum com o programa de pesquisa de Acker.
25. Ver Manuel Góngora-Mera, Vera Santos Rocío e Sérgio Costa, *Entre el Atlántico y el Pacífico Negro*, op. cit.
26. Ver Roberto Patricio Korzeniewicz e Timothy Patrick Moran, *Unveiling Inequality*. Nova York: Russell Sage Foundation, 2009; Manuela Boatcă, Andrea Komlosy e Hans-Heinrich Nolte (Orgs.), *Global Inequalities in World-Systems Perspective: Theoretical Debates and Methodological Innovations*. Londres: Routledge, 2017.
27. Roberto Patricio Korzeniewicz e Timothy Patrick Moran, op. cit.; Roberto Patricio Korzeniewicz (Org.), *The World-System as Unit of Analysis Past Contributions and Future Advances*. Londres: Routledge, 2017.
28. Roberto Patricio Korzeniewicz e Timothy Patrick Moran, op. cit., p. 11.
29. Ver Anja Weiss, "The Transnationalization of Social Inequality: Conceptualizing Social Positions on a World Scale", *Current Sociology*, Londres, v. 53, n. 4, p. 707-28, 2005; Ludger Pries, "Transnationalisierung und soziale Ungleichheit: Konzeptuelle Überlegungen und empirische Befunde aus der Migrationsforschung", em Peter A. Berger e Anja Weiss (Orgs.), *Transnationalisierung sozialer Ungleichheiten*. Wiesbaden: VS, 2008; Thomas Faist, "Cross-Border Migration and Social Inequalities", *Annual Review of Sociology*, Palo Alto, v. 42, n. 1, pp. 323-47, 2016.
30. Ludger Pries, op. cit.
31. Ibid., p. 62.

32. Anja Weiss, op. cit.
33. Ibid., p. 723.
34. Sérgio Costa, "Researching Entangled Inequalities in Latin America", op. cit., p. 21.
35. Ver Margit Ystanes e Iselin A. Strønen (Orgs.), *The Social Life of Economic Inequalities in Contemporary Latin America: Decades of Change*. Basingstoke: Palgrave Macmillan, 2017.

2. Vetores, esferas e mecanismos da desigualdade [pp. 41-59]

1. Florestan Fernandes, *A integração do negro na sociedade de classes*. São Paulo: Edusp/Dominus, 1965.
2. Heleieth Saffioti, *A mulher na sociedade de classes: Mito e realidade* [1969]. 2. ed. Petrópolis: Vozes, 1976.
3. Lena Lavinas, "The Collateralization of Social Policy under Financialized Capitalism", op. cit.
4. Marcelo Medeiros, Pedro Souza e Fábio Avila de Castro, "O topo da distribuição de renda no Brasil: Primeiras estimativas com dados tributários e comparação com pesquisas domiciliares (2006-2012)", *Dados*, Rio de Janeiro, v. 58, n. 1, pp. 7-36, 2015.
5. Maria Celi Scalon, *Ensaios de estratificação*. Belo Horizonte: Argumentum, 2009.
6. Marcelo Paixão, *500 anos de solidão: Estudos sobre desigualdades raciais no Brasil*. Curitiba: Apris, 2013.
7. Reinhard Kreckel, *Politische Soziologie der sozialen Ungleichheit*. 3. ed. Frankfurt: Campus, 2004, p. 78 ss.
8. Idem, p. 68.
9. Cabe destacar o trabalho de Maria Celi Scalon, que, em "Mapeando estratos: Critérios para escolha de uma classificação" (*Dados*, Rio de Janeiro, v. 41, n. 2, pp. 337-75, 1998), um artigo até então sem precedentes na bibliografia brasileira, refaz as linhagens neomarxistas e neoweberianas da análise de classes. Partindo do debate anglo-saxão, ressalta que "propriedade, qualificação, treinamento, recursos organizacionais, autonomia e controle sobre o próprio trabalho e o trabalho de outros, rendimento e status de emprego" são os vetores centrais da estratificação (Scalon, 1998, p. 5). Ainda que considerar essas características seja fundamental para os estudos de mobilidade social, elas se restringem à esfera ocupacional e não abrangem o conjunto de variáveis necessárias a uma sociologia política das desigualdades sociais buscada neste livro, seguindo as pistas deixadas por Kreckel em *Politische Soziologie der sozialen Ungleichheit*, op. cit., p. 81 ss.

10. Ver Teresa Caldeira, "Qual a novidade dos rolezinhos? Espaço público, desigualdade e mudança em São Paulo", *Novos Estudos Cebrap*, São Paulo, v. 104, pp. 13-20, 2014.
11. As hierarquias sociais são refletidas e reproduzidas nesses espaços de maneiras diversas: na arquitetura que muitas vezes dificulta o acesso a quem não tem carro ou que assegura mais conforto e agilidade no atendimento a quem paga mais, na vigilância ostensiva de "intrusos" definidos por critérios de aparência e etnorraciais etc. Vários estudos de caso mostram como operam essas hierarquias. Em pesquisa conduzida por Nascimento et al. (2015) em Belo Horizonte, por exemplo, os autores concluem que: "Os resultados demonstram o sentido simbólico do shopping como espaço de segregação social, que implicitamente deveria ser restrito a apenas determinada parcela da sociedade para ser considerado um espaço valorizado, seguro e que conferiria distinção social" (p. 260).
12. Reinhard Kreckel, *Politische Soziologie der sozialen Ungleichheit*, op. cit., p. 79 ss.
13. Ver, por exemplo, Flávio Carvalhaes e Carlos Antonio Costa Ribeiro, "Estratificação horizontal da educação superior no Brasil: Desigualdades de classe, gênero e raça em um contexto de expansão educacional" (*Tempo Social*, São Paulo, v. 31, n. 1, pp. 95-233, 2019).
14. Michel Foucault, *Power/Knowledge: Selected Interviews and Other Writings, 1972-1977*. Nova York: Pantheon, 1980, p. 197.
15. Göran Therborn, *The Killing Fields of Inequality*, op. cit., p. 49.
16. Kristina Dietz, op. cit.
17. As desigualdades sociais existentes representam uma combinação das desigualdades observadas nessas quatro esferas sociais. Isso não implica obviamente uma homologia ou perfeita superposição entre as desigualdades observadas nas quatro esferas, como a história brasileira demonstra sobejamente. Assim, por exemplo, o discurso da mestiçagem que comemorava, particularmente entre os anos 1930 e 1990, a sociedade da mobilidade social e da convivialidade fundada na horizontalidade e na inexistência de hierarquias etnorraciais rígidas coexistia com um mercado fortemente excludente e a quase completa ausência de medidas legais e políticas sociais capazes de configurar como realidade social a nação mestiça celebrada discursivamente (esse argumento é desenvolvido em Manuel Góngora-Mera, Vera Santos Rocío e Sérgio Costa, op. cit.).
18. Ver Juan P. Pérez-Sáinz, *Una historia de la desigualdad em América Latina: De la barbarie de los mercados desde el siglo XIX hasta hoy*. Buenos Aires: Siglo XXI, 2016.
19. Ver Manuel Góngora-Mera, op. cit.

20. Ver Michel Foucault, *Die Ordnung der Dinge*. Frankfurt: Suhrkamp, 1974, p. 418 e ss.
21. Stuart Hall, "On Postmodernism and Articulation", op. cit., p. 201 e ss.
22. Ivan Illich, *Tools for Conviviality*. Nova York: Harper & Row, 1973, p. 11.
23. Ver Paul Gilroy, *After Empire: Melancholia or Convivial Cultures*. Londres: Routledge, 2004.
24. Ver Les Convivialistes, *Manifeste convivialiste: Déclaration d'interdépendance*. Lormont: Le Bord de l'eau, 2013.
25. Ver Sérgio Costa, "The Neglected Nexus between Conviviality and Inequality", *Novos Estudos Cebrap*, São Paulo, v. 38, n. 1, pp. 15-32, 2019.
26. Evito traduzir *"conviviality"* como "convivência", dado o caráter genérico do termo em português, que pode se referir desde a convivência matrimonial até os padrões de convivência vigentes em toda uma sociedade. A expressão *"convivialiy"* ou "convivialidade", em contrapartida, é usada aqui para se referir especificamente ao plano das interações cotidianas, isto é, ao momento interacional da convivência (esse argumento está desenvolvido mais extensamente em Sérgio Costa, "The Neglected Nexus between Conviviality and Inequality", op. cit).
27. Tome-se como exemplo a situação de empregadas domésticas na América Latina. Mesmo quando recebem o mesmo salário e têm sua relação de trabalho regida por leis e contratos de trabalho semelhantes, podem tanto ser tratadas com distância equivalente àquela materializada na desigualdade econômica entre a empregada e a família para a qual trabalha, quanto serem integradas à condição de pessoa muito próxima, afetivamente, da família. Obviamente não se trata aqui de idealizar a proximidade afetiva como se ela amenizasse a distância social. Ao contrário, de acordo com diferentes autores, a proximidade pode representar até uma forma de exploração de trabalho afetivo não remunerado — ver Nicolas Wasser, "Situating Affect in Brazilian Female Domestic Labour" (*Distinktion: Journal of Social Theory*, Londres, v. 20, n. 1, pp. 118-34, 2019). Ademais, como mostra, entre outros trabalhos, o acurado estudo de Raquel Rojas Scheffer "Cercanía física, distancia social: Trabajo doméstico remunerado y (des)encuentros en hogares de América Latina", em Mecila (Org.), *Convivialidad-desigualdad: Explorando los nexos entre lo que nos une y lo que nos separa* (Buenos Aires: Clacso; São Paulo: Mecila, 2022, pp. 477-521), sobre o associativismo de empregadas domésticas no Paraguai e no Uruguai, a proximidade física e, em muitos casos, afetiva da família empregadora e a dispersão das empregadas por trabalharem em unidades domiciliares diferentes dificultam a formação de organizações sindicais fortes capazes de lutar pela redução das distâncias materiais entre empregadores e empregadas. O que se quer destacar com

o exemplo do emprego doméstico é que a dimensão chamada aqui de convivialidade molda a vivência das relações desiguais.

28. Pierre Bourdieu, *La Distinction: Critique sociale du jugement*. Paris: Minuit, 1979.
29. Charles H. Klein, Sean T. Mitchell e Benjamin Junge. "Naming Brazil's Previously Poor: 'New Middle Class' as an Economic, Political, and Experiential Category", *Economic Anthropology*, Hoboken, v. 5, n. 1, p. 92, 2018.
30. Göran Therborn, *The Killing Fields of Inequality*, op. cit.; Charles Tilly, *Durable Inequality*, op. cit.; Luis Reygadas, "Las redes de la desigualdad: Un enfoque multidimensional", *Política y Cultura*, Cidade do México, v. 22, n. 2, pp. 7-25, 2004; Luis Reygadas, "Más allá de la clase, la etnia y el género: Acciones frente a diversas formas de desigualdad en América Latina", *Alteridades*, Cidade do México, v. 14, n. 28, pp. 91-106, 2004; Reinhardt Kreckel, *Politische Soziologie der sozialen Ungleichheit*, op. cit.; Reinhardt Kreckel, *Soziologie der sozialen Ungleichheit im globalen Kontext* (*Der Hallesche Graureiher 2006-4*). Halle: Institut für Soziologie, 2004.
31. É Charles Tilly, em *Durable Inequality*, op. cit., quem chama a atenção para esse mecanismo de reprodução de desigualdades. Na sua descrição dos mecanismos de reprodução de desigualdades, Göran Therborn, em "Meaning, Mechanisms, Pattern, and Forces: An Introduction", em *Inequalities of the World* (Londres: Verso, 2006, pp. 1-58), e em *The Killing Fields of Inequality*, op. cit., não se refere ao acúmulo de oportunidades e sim à exclusão. Ainda que muito sugestiva, a terminologia de Therborn enfatiza apenas processos presentes de exclusão. A referência ao acúmulo de oportunidades, conforme propõe Tilly, permite tematizar a dimensão histórica da exclusão, isto é, os processos históricos que levam à constituição de hierarquias duradouras de poder ou de acesso aos bens socialmente valorizados.
32. Para um balanço, ver Nancy Fraser, "A Triple Movement? Parsing the Politics of Crisis after Polanyi" (*New Left Review*, Londres, v. 81, n. 1, pp. 119-32, 2013).
33. Ver Klaus Dörre, "Landnahme, das Wachstumsdilemma und die 'Achsen der Ungleichheit'", *Berliner Journal für Soziologie*, Berlim, v. 22, n. 1, pp. 101-28, 2012; Guilherme L. Gonçalves e Sérgio Costa, *Um porto no capitalismo global*. São Paulo: Boitempo, 2020.
34. Tamer El Gindi, "Natural Resource Dependency, Neoliberal Globalization, and Income Inequality: Are They Related? A Longitudinal Study of Developing Countries (1980-2010)", *Current Sociology*, Londres, v. 65, n. 1, pp. 21-53, 2017.
35. Göran Therborn, *The Killing Fields of Inequality*, op. cit., p. 62 e ss.

36. As noções de distanciamento e hierarquização são desenvolvidas por Therborn em "Meaning, Mechanisms, Pattern, and Forces", op. cit., e *The Killing Fields of Inequality*, op. cit. Charles Tilly, em *Durable Inequality*, op. cit., prefere descrever os processos formais e informais que generalizam e cristalizam as desigualdades categoriais geradas no âmbito dos processos de acúmulo de oportunidades e de exploração a partir de duas outras categorias: "emulação" (no sentido de imitação) e "adaptação". "Emulação" compreende "copiar os modelos de organização convencionais, baseados em categorias, e/ou transplantar relações sociais de um lugar a outro". Adaptação abrange "a elaboração de rotinas diárias como ajuda mútua, influência política, flerte e acúmulo de informações com base em estruturas organizadas a partir de desigualdades categoriais" (p. 174).
37. Edward Telles e Stanley Bailey, no artigo "Understanding Latin American Beliefs about Racial Inequality" (*American Journal of Sociology*, v. 118, n. 6, pp. 1559-95, 2013), corrigem a interpretação ainda vigente na literatura de que desigualdades referentes a raça e etnicidade são explicadas, majoritariamente, pela população latino-americana como decorrentes de diferentes méritos individuais. Conforme os resultados do trabalho conduzido na Bolívia, Brasil, Colômbia, República Dominicana, Equador, Guatemala, México e Peru: "Maiorias robustas de latino-americanos nesses oito países, incluindo-se tanto as populações dominantes como as minoritárias, apoiaram explicações estruturalistas para a desigualdade racial. Além disso, as maiorias numéricas em sete dos oito países reconhecem explicitamente a desigualdade de tratamento das minorias etnorraciais" (p. 1586).
38. Ver, por exemplo, Valeria Esquivel, Elizabeth Jelin e Eleonor Faur (Orgs.), *Las lógicas del cuidado infantil: Entre las familias, el Estado y el mercado* (Buenos Aires: Ides, 2012). No caso brasileiro, dados do Instituto Brasileiro de Geografia e Estatística (IBGE) para 2022 indicavam que mulheres maiores de catorze anos dedicavam em média 21,3 horas semanais às tarefas domésticas e de cuidado, enquanto homens na mesma condição só dedicavam 11,7 horas semanais.
39. Ver Roberto Patricio Korzeniewicz e Timothy Patrick Moran, *Unveiling Inequality*, op. cit.; Manuela Boatcă e Julia Roth, "Unequal and Gendered", op. cit. Na medida em que toma, via de regra, os limites políticos do Estado-nação como referência para a definição de sua unidade analítica, as investigações convencionais tendem a ignorar o caráter adscritivo da nacionalidade e sua importância na conformação das estruturas globais de desigualdades. Trabalhos que estudam estruturas de desigualdades não mais no âmbito nacional, mas no plano global, vêm revelando que algo entre dois terços e três quartos das desigualdades

existentes se devem à pertença nacional (Reinhard Kreckel, *Soziologie der sozialen Ungleichheit im globalen Kontext*, op. cit., p. 3).
40. Charles Tilly, *Durable Inequality*, op. cit., p. 91
41. Göran Therborn, *The Killing Fields of Inequality*, op. cit.
42. Ver Lena Lavinas, "The Collateralization of Social Policy under Financialized Capitalism", op. cit.
43. Para uma discussão mais detalhada, ver Guilherme L. Gonçalves e Sérgio Costa, *Um porto no capitalismo global*, op. cit.
44. Ver Max Weber, op. cit.; Reinhard Kreckel, *Politische Soziologie der sozialen Ungleichheit*, op. cit.
45. Stephan Lessenich, "Die Externalisierungsgesellschaft", *Soziologie*, [s.l.], v. 44, n. 1, p. 24, 2015.
46. Id., "Doppelmoral hält besser: Die Politik mit der Solidarität in der Externalisierungsgesellschaft", *Berlin Journal für Soziologie*, Berlim, v. 30, p. 124, 2020.
47. A importância da performance corporal na reprodução das desigualdades não se confunde com o conceito de habitus, na acepção de Pierre Bourdieu, op. cit. Há duas diferenças básicas. Enquanto habitus se refere à internalização corporal da posição de classe, performance implica aqui o uso ativo do corpo para afirmar ou também se sublevar contra as hierarquias. Além disso, performance é categoria própria de uma teoria interseccional das posições sociais e, portanto, se refere também a outros eixos de estratificação social, como gênero, raça etc.
48. Ver Jefferson Belarmino de Freitas, "Sobre a humilhação no cotidiano do emprego doméstico", *Dados*, Rio de Janeiro, v. 57, n. 1, pp. 199-236, 2014.
49. Ver, por exemplo, Barbara Sutton, *Bodies in Crisis: Culture, Violence, ad Women's Resistance in Neoliberal Argentina* (New Brunswick: Rutgers University Press, 2010). Neste texto, Sutton discute de maneira muito rica e sugestiva as políticas de *"poner el cuerpo"* no âmbito das práticas de resistência de mulheres na Argentina e esclarece que nesse contexto *"poner el cuerpo* significa não apenas falar, pensar ou desejar, mas estar realmente presente e envolvido; colocar todo o ser (corporizado) em ação, estar comprometido com uma causa social e assumir os riscos corporais, o esforço e as exigências que tal compromisso implica" (p. 161-2). Os achados da autora, ainda que relativos especificamente à luta política de mulheres, nos ajudam a captar o lugar das práticas corporais na afirmação, contestação e negociação das desigualdades sociais em situações diversas.
50. Paul Gilroy, *Against Race: Imagining Political Culture Beyond the Color Line*. Cambridge, Massachusetts: Harvard University Press, 2001; Judith Butler, *Undoing Gender*. Londres: Routledge, 2004.
51. Judith Butler, op. cit., p. 29.

52. Ver Suzana Maia e Bernd Reiter, "Racial Capital and White Middle Class Territorialization in Salvador, Brazil", *Latin American and Caribbean Ethnic Studies*, Londres, v. 17, n. 13, pp. 1-18, 2021.
53. Ver Valeria Ribeiro Corossacz, "Relatos de branquitude entre um grupo de homens brancos do Rio de Janeiro", *Revista Crítica de Ciências Sociais*, Coimbra, v. 105, pp. 43-64, 2014.
54. Ver George St. Clair, "'God Even Blessed Me with Less Money': Disappointment, Pentecostalism and the Middle Classes in Brazil", *Journal of Latin American Studies*, Cambridge, v. 49, n. 3, pp. 609-32, 2017.
55. Angela Figueiredo, *Classe média negra: Trajetórias e perfis*. Salvador: Edufba, 2012, p. 11.
56. Luis Reygadas, "Más allá de la clase, la etnia y el género", op. cit., p. 92.
57. Ver, por exemplo, Carolina Tokarski e Luana Pinheiro, "Trabalho doméstico remunerado e covid-19: Aprofundamento das vulnerabilidades em uma ocupação precarizada" (*Boletim de Análise Político-Institucional*, Brasília, n. 26, 2021), para o caso dos serviços domésticos, e Martina Sproll, "Precarization, Genderization and Neotaylorist Work: How Global Value Chain Restructuring Affects Banking Sector Workers in Brazil" (desiguALdades.net, Working Paper n. 44. 2013), para serviços terceirizados de forma geral.

3. Desigualdades, diferenças e escolhas políticas [pp. 61-85]

1. Ver Karl Marx, "Die Judenfrage", em Karl Marx e Friedrich Engels, *Werke* [1843]. Berlim Oriental: Dietz, 1976, v. 1, pp. 347-77; Max Weber, *Wirtschaft und Gesellschaft: Grundriss der verstehenden Soziologie*, op. cit.
2. Em introdução à sua importante coletânea de ensaios *Processos e escolhas: Estudos de sociologia política* (Rio de Janeiro: Contracapa, 1998), Elisa Reis mostra, com muita propriedade, que "processos sociais são teias de determinações e escolhas" (p. 7). As afinidades entre a formulação da autora e a maneira como a conexão entre situações interseccionais e escolhas é discutida no presente livro são óbvias. Contudo, há igualmente diferenças muito evidentes. A mais visível é a ênfase que confiro aqui à contingência dos elos entre determinações (no meu caso, situações interseccionais) e escolhas, aspecto que interessa menos a Elisa Reis.
3. Ver Hans-Günther Thien, "Klassentheorien: Die letzten 50 Jahre", *Prokla*, Berlim, v. 44, n. 2, p. 163, 2014.
4. Cabe fazer justiça a *The Class Structure of the Advanced Societies* (Londres: Hutchinson University Library, 1973), importante livro de Anthony Giddens, no qual o autor busca recuperar a centralidade do conceito de classes sociais a partir da reconstrução muito apropriada dos

trabalhos de Marx e Weber. Não obstante, ao menos desde a publicação de *The Consequences of Modernity* (Redwood City: Stanford University Press, 1990), o fascínio com as supostas possibilidades abertas ao indivíduo com a globalização dominou a obra de Giddens. Desde então, as preocupações com a estrutura estratificada da sociedade (global) desapareceram completamente.

5. Pierre Bourdieu, *La Distinction*, op. cit.
6. É verdade que nos estudos sobre as periferias urbanas e os novos movimentos sociais, as classes, tratadas como classes populares, continuaram importantes. Contudo, nesses estudos, classes deixaram de ser chaves analíticas para compreender a estrutura social. Passam a ser tratadas seguindo a tradição da história social marxista inglesa, conforme mostra agudamente Antônio Sérgio Alfredo Guimarães em "Classes sociais", em *O que ler na ciência social brasileira (1970-1995)* (São Paulo: Sumaré; Anpocs; Capes, 1999), a partir das noções de "'experiência', 'imaginário', 'cotidiano', 'cidadania' [...]" (p. 24).
7. Ver Kingsley Davis e Wilbert E. Moore, "Some Principles of Stratification", *American Sociological Review*, Washington, v. 10, n. 2, p. 243, 1944.
8. Ver Erik Olin Wright, *Classes*. Londres: Verso, 1985.
9. Estão excluídos aqui autores que, ainda que se declarem weberianos, acompanham, como mostra Frank Parkin em *Class Inequality and Political Disorder* (Londres: Paladin, 1972), as abordagens funcionalistas, ao conceber "a ordem estratificada como altamente fragmentada e redutível a uma colcha de retalhos de agregados estatísticos" (p. 18).
10. Max Weber, op. cit., p. 533.
11. Ibid., p. 531.
12. Frank Parkin, *Class Inequality and Political Disorder*, op. cit.; Frank Parkin, "Strategies of Social Closure in Class Formation", em *The Social Analysis of Class Structure*. Londres: Tavistock, 1974.
13. Id., "Strategies of Social Closure in Class Formation", op. cit., p. 3.
14. Norbert Elias e John L. Scotson, *The Established and the Outsiders* [1965]. Dublin: University College Dublin Press, 1994.
15. Norbert Elias, "Introduction A Theoretical Essay on Established and Outsider Relations", em Norbert Elias e John L. Scotson, *The Established and the Outsiders* [1965]. Dublin: University College Dublin Press, 1994, p. xvi.
16. Reinhard Kreckel, *Politische Soziologie der sozialen Ungleichheit*, op. cit.
17. O mesmo equívoco se dá no capítulo IV, "Stände und Klassen", traduzido equivocamente para o inglês como "*status groups and classes*". A tradução espanhola publicada no México pela editora Fondo de Cultura Econômica pela primeira vez em 1944 é fiel ao original e traduz *Stände*

como estamentos. Contudo, na recepção contemporânea de Weber no Brasil, muito influenciada pela bibliografia americana, comete-se frequentemente o equívoco de tomar *Stände* por grupos de status.
18. Reinhard Kreckel, *Politische Soziologie der sozialen Ungleichheit*, op. cit., pp. 52 ss.
19. Ver Bryn Rosenfeld, "State Dependency and the Limits of Middle Class Support for Democracy", *Comparative Political Studies*, Thousand Oaks, v. 54, n. 3/4, pp. 411-44, 2021; Alan Fowler e Kees Biekart, "Navigating Polycentric Governance from a Citizen's Perspective: The Rising New Middle Classes Respond", *The European Journal of Development Research*, Londres, v. 28, n. 4, pp. 705-21, 2016.
20. Ver Rachel Heiman, Carla Freeman e Mark Liechty (Orgs.), *The Global Middle Classes: Theorizing through Ethnography*. Santa Fe: SAR Press, 2012.
21. Para um debate mais circunstanciado, ver Sérgio Costa, "Unequal and Divided: The Middle Classes in Contemporary Brazil", em Alejandro Grimson, Menara Guizardi e Silvina Merenson (Orgs.), *Middle Class Identities and Social Crisis*. Londres: Routledge, 2023, pp. 25-47.
22. Ver Matthieu Clément et al., "Anatomy of the Brazilian Middle Class: Identification, Behaviours, and Expectations", *CEPAL Review*, Santiago, v. 130, pp. 129-47, 2020. Em boa parte dos casos, a objeção ao uso exclusivo do critério da renda para a definição da classe média é fundada na necessidade de que se leve em conta também o tipo de ocupação, entendendo-se que há um conjunto de "posições sociais intermediárias que não são nem as posições econômica e hierarquicamente dominantes das classes superiores, nem as posições de execução dominadas das classes populares", conforme Adalberto Cardoso e Edmond Préteceille, "Classes médias no Brasil: Do que se trata? Qual seu tamanho? Como vem mudando?" (*Dados*, Rio de Janeiro, v. 60, n. 4, pp. 1007-8, 2017). Não há dúvida de que estudar a natureza da ocupação continua relevante para as análises da estrutura social, mesmo em casos de países como o Brasil, que passaram por um aumento recente do nível de segmentação e informalização do mercado de trabalho. Para os objetivos do presente livro, contudo, não incluo a ocupação como critério central da definição da situação de classe, e da classe média em particular, por falta de evidências empíricas que indiquem uma correlação positiva entre ocupação e articulação política das classes médias.
23. Göran Therborn, *The Killing Fields of Inequality*, op. cit.; "Dreams and Nightmares of the World's Middle Classes", *New Left Review*, Londres, v. 124, pp. 63-87, 2020.
24. Id., "Dreams and Nightmares of the World's Middle Classes", op. cit., p. 178.

25. Ibid. Em trabalho mais recente e que já reflete o papel da pandemia como "a grande promotora de desigualdade", Therborn vê a ambiguidade na interpretação do papel das classes médias no Norte e no Sul Globais ainda mais exacerbada: "A 'marcha adiante' da classe média sulista, seja qual for a definição, parou. Os pesadelos do Norte, por outro lado, provavelmente continuarão" (ibid., p. 86).
26. Nancy Fraser e Axel Honneth, *Redistribution or Recognition? A Political-Philosophical Exchange*. Londres: Verso, 2003. Ao referir-me aqui a um paradigma, não quero desconsiderar as diferenças fundamentais entre as leituras de Honneth e Fraser sobre a maneira como interagem desigualdades e diferenças. Os desacordos profundos entre os dois autores são mencionados mais adiante. Não obstante, como o diálogo entre ambos funda, de certa maneira, um campo de estudos específico, refere-se aqui a um paradigma.
27. São comuns as traduções da expressão original de Tilly "*categorical inequalities*", tanto para o português como para o espanhol, como "desigualdades categóricas" — ver, por exemplo, Charles Tilly, "O acesso desigual ao conhecimento científico" (*Tempo Social*, São Paulo, v. 18, n. 2, pp. 47-63, 2006). A despeito da semelhança fonética, a expressão "categórica" carrega no português e no espanhol o sentido de absoluto, irremediável, e não a conotação de próprio ou derivado de uma categoria. Daí a preferência aqui pelo adjetivo "categorial/categoriais".
28. Charles Tilly, *Durable Inequality*, op. cit.
29. Frances Stewart, "Crisis Prevention: Tackling Horizontal Inequalities", *Oxford Development Studies*, Oxford, v. 28, n. 3, pp. 245-62, 2000.
30. Nancy Fraser e Axel Honneth, *Redistribution or Recognition?*, op. cit.
31. Axel Honneth, *Kampf um Anerkennung: Zur moralischen Grammatik sozialer Konflikte*. Frankfurt: Suhrkamp, 1994.
32. Apolonia Franco Elizondo, *Theorie der Globalen Gerechtigkeit: Zwischen Anerkennung und Umverteilung*. Würzburg: Egon, 2015, p. 81.
33. A reflexão de Honneth tem como pressuposto a existência de um Estado de bem-estar consolidado e abrangente, no âmbito do qual questões de sobrevivência material simplesmente estão fora do horizonte. Dado esse pressuposto, é surpreendente e mesmo inexplicável que seu trabalho tenha encontrado um uso empírico tão disseminado no Brasil.
34. Nancy Fraser e Axel Honneth, *Redistribution or Recognition?*, op. cit., p. 35.
35. Ibid., p. 36.
36. Ibid.
37. Ver Charles Tilly, *Durable Inequality*, op. cit.
38. Ibid., p. 22.

39. Por exemplo, Floya Anthias, "Interconnecting Boundaries of Identity and Belonging and Hierarchy-Making within Transnational Mobility Studies", op. cit., e *Translocational Belongings*, op. cit.; Patricia Hill Collins e Sirma Bilge, *Intersectionality*, op. cit.
40. Ver Frances Stewart, "Crisis Prevention", op. cit.; Frances Stewart, "Por qué persisten las desigualdades de grupo?", op. cit.; Frances Stewart, Graham Brown e Luca Mancini, "Why Horizontal Inequalities Matter: Some Implications for Measurement", Oxford: CRISE Working Paper n. 19, 2005.
41. Rosemary Thorp e Maritza Paredes, *Ethnicity and the Persistence of Inequality: The Case of Peru*. Basingstoke: Palgrave Macmillan, 2010.
42. Frances Stewart, Graham Brown e Luca Mancini, "Why Horizontal Inequalities Matter", op. cit., p. 9.
43. Homi Bhabha, *The Location of Culture*. Londres: Routledge, 1994; Stuart Hall, "On Postmodernism and Articulation", op. cit.
44. Em *Dois Atlânticos* (Belo Horizonte: Ed. UFMG, 2006) já explorei com maior detalhe o conceito e os debates sobre articulação no contexto das articulações da diáspora negra.
45. Homi Bhabha, *The Location of Culture*, op. cit., p. 2.
46. Stuart Hall, "On Postmodernism and Articulation", op. cit., p. 141 e s.
47. Ver Erik Olin Wright, op. cit.
48. Para uma discussão mais aprofundada, ver Guilherme L. Gonçalves e Sérgio Costa, "The Global Constitutionalization of Human Rights: Overcoming Contemporary Injustices or Juridifying Old Asymmetries?" (*Current Sociology*, Londres, v. 64, n. 2, pp. 311-31, 2016).
49. Ver Edward Thompson, *The Formation of the English Working Class*. Londres: Penguin, 1991.

4. Deslocamentos das situações interseccionais no Brasil contemporâneo [pp. 87-119]

1. Floya Anthias, *Translocational Belongings*, op. cit.
2. Ver Marcio Pochmann, *O mito da grande classe média: Capitalismo e estrutura social*. São Paulo: Boitempo, 2014.
3. Ver João Saboia e João Hallak Neto, "Salário mínimo e distribuição de renda no Brasil a partir dos anos 2000", *Economia e Sociedade*, Campinas, v. 27, n. 1, pp. 265-85, 2018.
4. De 2002 a 2015, o índice de Gini, que mede a desigualdade de renda, cai de 58,1 para 51,9, voltando a crescer a partir de então, atingindo 53,9 em 2018, conforme World Bank, "Data Brazil", 2019.

5. Ver Dieese — Departamento Intersindical de Estatística e Estudos Socioeconômicos, "A política de valorização do salário mínimo: Persistir para melhorar", *Nota Técnica*, São Paulo: Dieese, n. 136, maio 2014.
6. Janine Berg, "Labour Market Institutions: The Building Blocks of Just Societies", em *Labour Market Institutions for Just Societies*. Genebra: International Labour Office, 2012, p. 8.
7. Ver João Saboia e João Hallak Neto, "Salário mínimo e distribuição de renda no Brasil a partir dos anos 2000", op. cit.
8. Ver Ipea — Instituto de Pesquisa Econômica Aplicada, *Retrato das desigualdades de gênero e raça*. Brasília, 2022.
9. Ver João Saboia e João Hallak Neto, "Salário mínimo e distribuição de renda no Brasil a partir dos anos 2000", op. cit.
10. Ver Marcelo Neri, *As classes médias brasileiras*. Rio de Janeiro: Ed. FGV, 2019.
11. Ver, entre outros, Waldir Quadros et al., "Classes médias e as desigualdades sociais no Brasil", em Dawid Danilo Bartelt (Org.), *A "nova classe média" no Brasil como conceito e projeto político* (Rio de Janeiro: Fundação H. Böll, 2013), e Marcio Pochmann, *O mito da grande classe média*, op. cit.
12. André Salata, em "Quem é classe média no Brasil? Um estudo sobre identidades de classe" (*Dados*, Rio de Janeiro, v. 58, n. 1, pp. 111-49, 2015), procura aprofundar a crítica ao conceito de classe de Neri, mostrando que falta a devida correspondência entre posição de classe e identidade de classe. Isto é, a "classe C", a "nova classe média", não incorporaria a identidade que lhe caberia como classe média, nem é reconhecida pelo restante da população como tal. A despeito da qualidade técnica insofismável da pesquisa de Salata, o trabalho apresenta pressupostos muito problemáticos. Do ponto de vista teórico, transformar classe, categoria analítica útil para estudar desigualdades, num sujeito virtual no âmbito de uma teoria da ação, ou seja, estabelecer uma correspondência entre posição de classe e um comportamento cultural ou político que dela decorre, é algo questionado desde Weber, como referido no capítulo 3 deste livro. Empiricamente, o uso de *surveys* para estudar supostas identidades de classes é inadequado, na medida em que essas identificações não são preferências ou autoclassificações pré-políticas captáveis por um questionário. Essas identificações se formam (se é que se formam) em interações e situações concretas no âmbito do jogo político, as quais só podem ser apreendidas e reconstruídas a partir do uso de metodologias qualitativas como observação participante, etnografias etc.
13. Ver Igor Regis, "Aviação: Brasil registra em 2020 o menor número de passageiros dos últimos 15 anos", Mercado & Eventos, 21 jan. 2021.

14. Ver IBGE — Instituto Brasileiro de Geografia e Estatística, "Brasil: Frota de veículos 2014", Rio de Janeiro, 2023.
15. Ver Semesp — Sindicato das Mantenedoras de Estabelecimentos de Ensino Superior no Estado de São Paulo, *Mapa do Ensino Superior no Brasil*. São Paulo, 2016, p. 9.
16. Ver Felícia Picanço, "Juventude por cor e renda no acesso ao ensino superior: Somando desvantagens, multiplicando desigualdades?", *Revista Brasileira de Ciências Sociais*, São Paulo, v. 30, n. 88, pp. 145-79, 2015.
17. Marcelo Medeiros, Pedro Souza e Fábio Avila de Castro, op. cit.; Marc Morgan, "Falling Inequality beneath Extreme and Persistent Concentration: New Evidence for Brazil Combining National Accounts, Surveys and Fiscal Data, 2001-2015 (WID.world Working Paper Series n. 12)", Wealth & Income Database, 2017.
18. Ver Davi Bhering e Fábio A. de Castro, "Wealth Inequality in Brazil", PSE Working Papers, 2023.
19. Ver Fábio Avila de Castro, *Imposto de renda da pessoa física: Comparações internacionais, medidas de progressividade e redistribuição*. Brasília: Face-UnB, 2014.
20. Ver European Union, *Taxation Trends in the European Union: Data for the EU Member States, Iceland and Norway*. Luxemburgo: Publications Office of the European Union, 2014.
21. Ver Fabrício Augusto Oliveira, "O sistema tributário brasileiro: evolução, distorções e os caminhos da reforma (1891-2017)", em Eduardo Fagnani (Org.), *A reforma tributária necessária: Diagnóstico e premissas*. Brasília: Anfip/Fenafisco; São Paulo: Plataforma Política Social, 2018, p. 127.
22. Ver Pedro Humberto Bruno de Carvalho Júnior, "O sistema tributário dos países da OCDE e as principais recomendações da entidade: fornecendo parâmetros para a reforma tributária no Brasil" (Nota técnica Dinte, Publicação preliminar). Brasília: Ipea, 2022; Fábio Avila de Castro, op. cit.; Sérgio Gobbeti e Rodrigo O. Orair, op. cit.
23. Em consonância com Cleyton Feitosa em "Políticas públicas LGBT no Brasil: Um estudo sobre o Centro Estadual de Combate à Homofobia de Pernambuco" (*Sexualidad, Salud y Sociedad*, Rio de Janeiro, v. 32, p. 93, 2019), uso aqui a abreviação LGBT (Lésbicas, Gays, Bissexuais, Travestis e Transsexuais) e não as variantes ampliadas (entre outras: LGBTT, LGBTQ, LGBTI*), já que essa foi a referência acordada pelo governo e movimentos LGBT na primeira conferência nacional, em 2008.
24. Ver ibid.
25. Ver Ipea — Instituto de Pesquisa Econômica Aplicada e FBSP — Fórum Brasileiro de Segurança Pública, *Atlas da Violência 2019*, Brasília, 2019, pp. 32, 42.

26. Ibid., p. 49.
27. Ver Grupo Gay da Bahia, "Mortes violentas de LGBTI+ no Brasil — Relatório 2019", Salvador, 2019.
28. Ver Lena Lavinas, "21st Century Welfare", op. cit.
29. Partha Chatterjee, *The Politics of the Governed*. Nova York: Columbia University Press, 2004.
30. Ver Marina Bueno, "As condicionalidades do Programa Bolsa Família: O avesso da cidadania", *Lugar Comum*, Rio de Janeiro, v. 29, p. 44, 2009.
31. Nos termos da análise interdependente das desigualdades aqui proposta, é preciso destacar que as políticas de cotas para egressos de escolas públicas nas universidades públicas são instrumentos com enorme impacto sobre as desigualdades políticas em termos de classe, raça e etnicidade, o que justifica plenamente sua adoção. Como forma de redução das desigualdades políticas, as cotas são talvez a política pública de maior êxito adotada no país nas últimas décadas. Já seu impacto sobre as desigualdades socioeconômicas é limitado, pois seu círculo de beneficiários potenciais é demograficamente pouco representativo. Isto é, mesmo que os egressos dos programas de cotas na universidade logrem obter boas colocações no mercado de trabalho, tais programas, devido a seu desenho, beneficiam um grupo relativamente pequeno entre os mais de 106 milhões de negros e 1,7 milhão de indígenas que vivem no Brasil, contribuindo de maneira modesta para a redução das desigualdades socioeconômicas entre indígenas, negros e brancos. Mas insisto: seu impacto para a redução das desigualdades políticas e para a reeducação da sociedade racista justificam plenamente sua adoção e permanência. Volto a esse ponto mais adiante.
32. Ver Andrea Zhouri, "Mapping Environmental Inequalities in Brazil: Mining, Environmental Conflicts and Impasses of Mediation", desiguALdades.net, Working Paper n. 75, 2014; Renata Motta, "Socio-Environmental Inequalities and GM Crops: Class, Gender and Knowledge", em Elizabeth Jelin, Renata Motta e Sérgio Costa (Orgs.), *Global Entangled Inequalities*, op. cit.; Paul Cooney, op. cit.
33. Conforme os números apurados pelo pagamento do seguro obrigatório de danos pessoais causados por veículos automotores de vias terrestres (DPVAT), em 2002 houve, aproximadamente, 37 mil casos envolvendo mortes e 16 mil vítimas com invalidez permanente em acidentes de trânsito. Em 2015, foram 42 mil mortos e 516 mil vítimas com invalidez permanente, de acordo com o relatório "Estatísticas do seguro obrigatório DPVAT", da Associação Brasileira de Prevenção dos Acidentes de Trânsito (Vias Seguras, 2018). Esse crescimento astronômico do número de vítimas de acidentes foi motivado, sobretudo, pelos acidentes

com motociclistas e pedestres, ou seja, os participantes do trânsito pertencentes aos estratos de menor renda.

34. Ver Tamer El Gindi, op. cit.
35. O poder político do agronegócio continuou crescendo nos governos que se seguiram. Na atual legislatura (2023-6), a Frente Parlamentar da Agropecuária é formada por trezentos deputados de um total de 513 parlamentares e 44 senadores de um total de 81 representantes, vinculados a diferentes partidos. A Frente Agropecuária tem também a presidência de dez das 25 comissões temáticas da Câmara de Deputados, conforme Marcelo Tognozzi, "O agro do poder" (Poder 360, 18 mar. 2023).
36. Ver World Bank, "World Bank Open Data, 2022".
37. Ver Lorena Soler e Florencia Prego, "The Right and Neo-Golpismo in Latin America: A Comparative Reading of Honduras (2009), Paraguay (2012), and Brazil (2016)", em Bernardo Bianchi, Jorge Chaloub, Patricia Rangel e Frieder Otto Wolf (Orgs.), *Democracy and Brazil: Collapse and Regression*. Londres: Routledge, 2020, pp. 61-77.
38. Ver Perry Anderson, "Bolsonaro's Brazil", *London Review of Books*, Londres, v. 41, n. 3, pp. 11-22, 2019.
39. Ver Marcos Nobre, *Ponto-final: A guerra de Bolsonaro contra a democracia*. São Paulo: Todavia, 2020; Marcos Nobre, *Limites da democracia*. São Paulo: Todavia, 2022.
40. Ver Leonardo Carnut, Áquilas Mendes e Lucia Guerra, "Coronavirus, Capitalism in Crisis and the Perversity of Public Health in Bolsonaro's Brazil", *International Journal of Health Services*, Nova York, v. 51, n. 1, pp. 18-30, 2021.
41. Achille Mbembe, *On the Postcolony*. Berkeley: University of California Press, 2001, p. 110.
42. Ver Marcelo Neri, *A escalada da desigualdade: Qual foi o impacto da crise sobre a distribuição de renda e a pobreza?* Rio de Janeiro: Ed. FGV, 2019, p. 5.
43. Ver id., *Desigualdade de impactos trabalhistas na pandemia*. Rio de Janeiro: Ed. FGV, 2021.
44. Sérgio W. Gobetti, "Concentração de renda no topo: Novas revelações pelos dados do IRPF (parte 2)", Observatório de Política Fiscal, 2024.
45. Ver Davi Bhering e Fábio A. de Castro, op. cit.
46. João Hallak Neto, "A preocupante trajetória da distribuição funcional da renda no Brasil", *Carta Capital*, São Paulo, 18 abr. 2023.
47. Ver Sérgio Costa, "Der Rechtsruck in Brasilien", op. cit.; Flávia Rios, "Cycles of Democracy and the Racial Issue in Brazil (1978-2019)", em Bernardo Bianchi, Jorge Chaloub, Patricia Rangel e Frieder Otto Wolf (Orgs.), op. cit.

48. Ver Ernesto H. F. Araújo, "Trump e o Ocidente", *Cadernos de Política Exterior*, Brasília, v. 3, n. 6, p. 331, 2017.
49. Ver Alexandre Martello, "Salário mínimo será de R$ 1.039 em 2020, define governo", G1, 31 dez. 2019.
50. Ver William Nozaki, "A privatização em 'marcha forçada' nos governos Temer e Bolsonaro", *Le Monde Diplomatique Brasil*, São Paulo, 14 maio 2019.
51. Ver Nirvia Ravena, "A política ambiental brasileira sob ataque: Um palco de violências", *Nexo*, online, 11 jan. 2020.
52. Ver Fabiano Maisonnave, "Após se reunir com infratores ambientais, Salles suspende fiscalização na reserva Chico Mendes", *Folha de S.Paulo*, São Paulo, 4 dez. 2019; Dom Phillips, "Brazil Space Institute Director Sacked in Amazon Deforestation Row", *The Guardian*, Londres, 2 ago. 2019.
53. Ver Mariana Andrade, "Lula baterá recorde de mulheres e negros nos ministérios desde a redemocratização", Metrópoles, 29 dez. 2022.
54. Eduardo Cucolo et al., "Entenda a reforma tributária em poucos gráficos", *Folha de S.Paulo*, São Paulo, 8 nov. 2023.
55. Em seu muito sugestivo artigo "Democracia e redução da desigualdade econômica no Brasil: A inclusão dos outsiders" (*Revista Brasileira de Ciências Sociais*, São Paulo, v. 33, n. 96, pp. 1-23, 2018), Marta Arretche utiliza a expressão "outsiders" para se referir a grupos que estiveram tradicionalmente excluídos das políticas sociais. O uso que venho fazendo do termo é distinto, na medida em que remeto à análise das tensões entre outsiders e estabelecidos, no âmbito da teoria da figuração de Elias (ver Sérgio Costa, "Millionaires, the Established, the Outsiders, and the Poor", op. cit.).
56. Em janeiro de 2024, os níveis de renda de cada classe divulgados na tabela "Qual a faixa de renda familiar das classes?" (FGV Social, Rio de Janeiro, 2024) eram:

	Limite Mínimo	Limite Máximo
Classe E	0	R$ 1254
Classe D	R$ 1255	R$ 2004
Classe C	R$ 2005	R$ 8640
Classe B	R$ 8641	R$ 11261
Classe A	R$ 11262	—

57. Ver Ipea — Instituto de Pesquisa Econômica Aplicada, op. cit.
58. Ver IBGE — Instituto Brasileiro de Geografia e Estatística, *PNAD 2015: Pesquisa Nacional por Amostra de Domicílios*, Rio de Janeiro, 2015.

59. Ver Inep — Instituto de Estudos e Pesquisas Educacionais Anísio Teixeira, "Censo da Educação Superior 2022. Principais Resultados", Brasília, 2023.
60. Ver Andifes — Associação Nacional dos Dirigentes das Instituições de Ensino Superior, *V Pesquisa Nacional de Perfil Socioeconômico e Cultural dos(as) Graduandos(as) das IFES — 2018*. Brasília, 2019.
61. Os milionários são nada ou muito pouco afetados pela perda de posições nesses contextos e relações fortemente hierarquizadas. Há indicações de deslocamentos entre os setores da economia aos quais está vinculado o 1% mais rico, dada a perda de produtividade da indústria, os ganhos do agronegócio e o incremento dos ganhos do setor financeiro nos períodos analisados. Não obstante, em seu conjunto, a manutenção das posições de prestígio na economia desse 1% mais rico permanece inalterada. Mesmo aquela perda de posições que afeta os estabelecidos em espaços sociais hierárquicos não atinge diretamente os milionários, dada a grande distância social e mesmo espacial (shopping centers exclusivos, áreas VIP de aeroportos etc.) que os separa dos emergentes. Tampouco as variações no mercado de trabalho doméstico os afetam, uma vez que sua renda mensal média corresponde a quase cem vezes o salário mínimo.
62. Ver Dieese — Departamento Intersindical de Estatística e Estudos Socioeconômicos, "O trabalho doméstico 10 anos após a PEC das Domésticas", *Estudos e Pesquisas*, São Paulo: Dieese, n. 106, abr. 2023, e também Gabriel Ferreira Rodrigues, *Plataformização do trabalho doméstico*. Belo Horizonte: Fino Traço, 2024.
63. Ver Perry Anderson, "Crisis in Brazil", *London Review of Books*, Londres, v. 38, n. 8, pp. 15-22, 2016.
64. Ver Waldir Quadros, "Raça e gênero na desigualdade social", *RBEST — Revista Brasileira de Economia Social e do Trabalho*, Campinas, v. 4, e022019, 2022.
65. Ver, por exemplo, Carolina Bonoto e Liliane Brignol, "'É de confiar desconfiando': Tensões e conflitos entre o ativismo LGBT e a mídia" (*Contracampo*, Niterói, v. 39, n. 3, pp. 118-30, 2020); Chalini Torquato, "Minorias, lugar de fala e direito à comunicação na mídia: Entre o ativismo pela cidadania e a mercadorização de pautas sociais" (*Intertexto*, Porto Alegre, n. 52, 2021); Giovana Oréfice, "Representatividade racial bate recorde na comunicação brasileira" (*Meio & Mensagem*, São Paulo, 22 jun. 2023); Aline Pereira e Vantuil Pereira, "Miradas sobre o poder: A nova agência política do movimento negro brasileiro (2004-2021)" (*Revista Brasileira de História*, São Paulo, v. 41, pp. 33-56, 2022).

66. O fato de que a crescente visibilidade das minorias persiste mesmo durante a guinada à direita pode ser explicado ao menos em parte pela capacidade demonstrada por tais minorias para conquistar presença pública através de suas próprias ações e plataformas de divulgação. Um exemplo paradigmático dessa capacidade de resistência é a Coalizão Negra por Direitos, criada em 2019 e que se tornou uma das organizações da sociedade civil mais destacadas na defesa da democracia e dos direitos humanos durante o governo Bolsonaro, conforme Sérgio Costa, Flávia Rios e Fernando Baldraia, "Promises and Pitfalls of Intersectional Politics: The Black Coalition for Rights in Brazil" (*Social Sciences*, Basileia, v. 12, n. 12, pp. 1-14, 2023).
67. Ver Brasil. Câmara dos Deputados, "Bancada feminina aumenta 18,2% e tem duas representantes trans", Brasília, 3 out. 2022.
68. Ver Murilo Souza, "Número de deputados pretos e pardos aumenta 8,94%, mas é menor que o esperado", *Agência Câmara de Notícias*, 3 out. 2022.
69. Ver Dennis Pacheco e Juliana Brandão, *Racismo estrutural e segurança pública*. São Paulo: Fórum Brasileiro de Segurança Pública, 2023.
70. Ver Fórum Brasileiro de Segurança Pública, "Painel da Violência Contra a Mulher", São Paulo, 2023, e também Fórum Brasileiro de Segurança Pública e Datafolha, "Visível e invisível: A vitimização da mulher no Brasil", São Paulo, 4ª edição, 2023.
71. Ver Nádia Vasconcelos et al., "Violência contra pessoas LGB+ no Brasil: Análise da Pesquisa Nacional de Saúde 2019", *Revista Brasileira de Epidemiologia*, São Paulo, v. 26, supl. 1, e230005, 2023.

5. Situações interseccionais, tensões conviviais, escolhas políticas [pp. 121-52]

1. Marcos Nobre, *Limites da democracia*, op. cit.
2. Ibid., p. 18.
3. Rosana Pinheiro-Machado e Lucia Mury Scalco, op. cit., p. 97.
4. Ver Lesley Connolly, "Fragility and the State: Post-Apartheid South Africa and the State-Society Contract in the 21st Century", *African Journal on Conflict Resolution*, Durban, v. 13, n. 2, pp. 87-111m, 2013.
5. Tem razão Flávia Biroli, em "Gênero, 'valores familiares' e democracia", em Flávia Biroli, Maria das Dores Campos Machado e Juan Marco Vaggione, *Gênero, neoconservadorismo e democracia: Disputas e retrocessos na América Latina* (São Paulo: Boitempo, 2020, pp. 135-88), quando chama a atenção para o fato de que as disputas acirradas em torno de questões de gênero e sexualidade, ainda que tenham sua especificidade no Brasil, são fenômenos globais que refletem o fortalecimento de atores com

pautas antagônicas: movimentos feministas e LGBT, por um lado, e, de outro, movimentos conservadores, parte deles movidos por motivações de cunho religioso. Igualmente relevante é a observação da autora de que essas disputas, ainda que aparentemente voltadas para um foco temático específico, dizem respeito às próprias condições de possibilidade da existência da convivência democrática, na medida em que "estão em jogo os fundamentos da igualdade de gênero, em conjunto com os fundamentos da democracia e do estado de direito" (p. 137).

6. Em consonância com os debates da extrema direita sobretudo norte-americana, as "novas direitas" brasileiras adotam a expressão marxismo cultural para se referir à alegada conspiração da esquerda para transformar as bases culturais da sociedade brasileira, apoiando-se supostamente nos pressupostos da teoria crítica, a chamada Escola de Frankfurt. Ainda que não logre definir em termos claramente compreensíveis o que entende por marxismo cultural, vale a pena citar a interpretação reproduzida no site do Instituto Mises Brasil: "Por causa dessa atitude antagonista em relação à família, combinada com sua cruzada ideológica contra a espiritualidade, os filósofos de Frankfurt tinham de apresentar uma alternativa para substituir essa instituição antiquada e, com isso, garantir um caminho seguro para o futuro. Ato contínuo, a solução estava em reprogramar a sociedade por meio de uma engenharia social revolucionária, de modo que todos passassem a se comportar da maneira esperada pela teoria social da Escola. Todo o comportamento humano deveria se tornar um mero e previsível ato de reciprocidade" (Claudio Grass, "A Escola de Frankfurt, o marxismo cultural e o politicamente correto como ferramenta de controle" [Instituto Mises Brasil, 4 maio 2016]).

7. Conforme mostra o texto breve mas muito esclarecedor "Introdução: Matrizes do neoconservadorismo religioso na América Latina", de Juan Marco Vaggione, Maria das Dores C. Machado e Flávia Biroli em *Gênero, neoconservadorismo e democracia*, op. cit., o termo "ideologia de gênero" passa por reinterpretações importantes ao longo das últimas décadas. Originária de documentos da Igreja católica dos anos 1990, a expressão funciona a partir dos anos 2010, conforme os autores, como fórmula discursiva capaz de agregar interesses de católicos e evangélicos conservadores e "políticos neoconservadores". Nessa acepção, a ideologia de gênero seria a negação dos papéis e da função reprodutiva dos dois sexos, homem e mulher, supostamente legados pela biologia e/ou pelo desígnio divino. Ao admitir a pluralidade de modelos de sexualidade (para além do binarismo homem e mulher) e transformar o suposto dever da reprodução em direito, a ideologia de gênero representaria o fim da

família concebida, à imagem bíblica, como pai, mãe e filho(s). Cabe destacar ainda que os autores fornecem argumento importante para endossar a interpretação mais geral defendida no presente livro quando classificam o combate à "ideologia de gênero" como "tentativas de bloquear a reorganização das relações entre mulheres e homens [...]" (p. 20).

8. Ver Elizabeth Macedo, "Repoliticizing the Social and Taking Liberty Back", *Educação em Revista*, Belo Horizonte, v. 34, pp. 1-15, 2018.
9. Ver Ricardo Gonçalves Severo, Suzane da Rocha Vieira Gonçalves e Rodrigo Duque Estrada, "A rede de difusão do movimento Escola Sem Partido no Facebook e Instagram: Conservadorismo e reacionarismo na conjuntura brasileira", *Educação & Realidade*, Porto Alegre, v. 44, n. 3, pp. 1-28, 2019.
10. Ver Kátia G. Baggio, "Conexões ultraliberais nas Américas: O *think tank* norte-americano Atlas Network e suas vinculações com organizações latino-americanas", em XII Encontro Internacional da Associação Nacional de Pesquisadores e Professores de História das Américas, 2016, Campo Grande. *Anais...* São Paulo: Anphlac, 2016. Camila Rocha, em *Menos Marx, mais Mises: O liberalismo e a nova direita no Brasil* (São Paulo: Todavia, 2021, p. 83 e ss.), livro em que analisa o nascimento da "nova direita" no Brasil, mostra que há uma espécie de predecessores dos atuais *think tanks* defensores da absoluta liberdade econômica, isto é, institutos fundados em décadas anteriores e que vivem um refluxo nos anos 1980-90. Já nos primeiros anos do presente século, contudo, vão tomando corpo grupos e organizações que se articulam em torno da bandeira de conter a suposta hegemonia da esquerda estatizante. A rede social Orkut, criada concomitantemente com o Facebook em 2004 e mantida pela Google, era um dos principais espaços de articulação dessa "nova direita".
11. Ver Elizabeth Macedo, "As demandas conservadoras do movimento Escola sem Partido e a Base Nacional Curricular Comum", *Educação & Sociedade*, Campinas, v. 38, n. 139, pp. 507-24, 2017. Conforme a pesquisa acurada da autora, a intervenção do movimento Escola sem Partido na discussão do currículo das escolas visava fundamentalmente assegurar a primazia da família na educação dos filhos, combater o suposto viés de esquerda e a "ideologia de gênero" e explicitamente negar a diversificação cultural dos currículos. Vale reproduzir aqui o trecho destacado pela autora de texto publicado à ocasião por Miguel Nagib, fundador do movimento: "O último desabamento foi provocado pela proposta da Base Nacional Comum Curricular (BNCC). Dias atrás, o historiador Marco Antonio Villa demonstrou, em artigo publicado no jornal *O Globo*, que, se a proposta do MEC for aprovada, os estudantes brasileiros que

quiserem aprender alguma coisa sobre o antigo Egito, a Mesopotâmia e a Grécia; o Império Romano e o nascimento do cristianismo; a Idade Média, o Renascimento, a Revolução Industrial e até mesmo a Revolução Francesa serão obrigados a se virar por conta própria. Na sala de aula, terão de estudar os mundos ameríndios, africanos e afro-brasileiros; interpretar os movimentos sociais negros e quilombolas; valorizar e promover o respeito às culturas africanas e afro-americanas. É um assombro" (Miguel Nagib, citado em ibid., p. 516).

12. Magno Malta, "Projeto de Lei do Senado n. 193, de 2016". Senado Federal, 2016.
13. Escola sem Partido. Blog, 2018.
14. Ver, por exemplo, as coletâneas organizadas por Gaudêncio Frigotto, *Escola "sem" Partido: Esfinge que ameaça a educação e a sociedade brasileira* (Rio de Janeiro: Uerj; LPP, 2017), e Fernando Penna, Felipe Queiroz e Gaudêncio Frigotto, *Educação democrática: Antídoto ao Escola sem Partido* (Rio de Janeiro: Uerj; LPP, 2018).
15. Ver Instituto de Desenvolvimento e Direitos Humanos et al. (Orgs.), *Manuel de defesa contra a censura nas escolas*. São Paulo, 2022.
16. Daniela Verzola Vaz e Rodolfo Hoffmann, em "Evolução do padrão de consumo das famílias brasileiras entre 2008 e 2017" (Textos para Discussão 384, Campinas, IE/Unicamp, 2020, pp. 7-8), mostram que, no período estudado, o pagamento de dívidas pelas famílias brasileiras tem um incremento de 64%, configurando a despesa que mais cresce no orçamento familiar.
17. Marcelo Neri, *Desigualdade de impactos trabalhistas na pandemia*, op. cit.
18. Ver, por exemplo, id., *A nova classe média*, op. cit.; Daniela Verzola Vaz e Rodolfo Hoffmann, op. cit.; Luciane Maria Pilotto e Roger Keller Celeste, "Tendências no uso de serviços de saúde médicos e odontológicos e a relação com nível educacional e posse de plano privado de saúde no Brasil, 1998-2013" (*Cadernos de Saúde Pública*, Rio de Janeiro, v. 34, n. 4, 2018).
19. Ver Cristina Patriota de Moura e Vinicius Prado Januzzi, "Brasília classificada: Novos espaços de classe média na capital federal", *Tempo Social*, São Paulo, v. 31, n. 1, pp. 113-34, 2019; Mara Nogueira, "Preserving the (Right Kind of) City: The Urban Politics of the Middle Classes in Belo Horizonte, Brazil", *Urban Studies*, Thousand Oaks, v. 57, n. 10, pp. 2163-80, 2020.
20. Ver Maureen O'Dougherty, "Auto-retratos da classe média: Hierarquias de 'cultura' e consumo em São Paulo", *Dados*, Rio de Janeiro, v. 41, n. 2, pp. 411-44, 1998; Patricia Zandonade e Ricardo Moretti, "O padrão de mobilidade de São Paulo e o pressuposto de desigualdade", *EURE — Estudios Urbano Regionales*, Santiago, v. 38, n. 113, pp. 77-97, 2012.

21. Ver Estefanie Silva Nascimento, Murilo Carrazedo Marques da Costa Filho e Luis Fernando Hor-Meyll, "Significados da educação privada na nova classe média", *Revista Pensamento Contemporâneo em Administração*, Niterói, v. 11, n. 2, pp. 32-46, 2017.
22. Ver Marco Antônio de Oliveira Lima e Pedro Robertt, "Desigualdades sociais na educação superior: Um estudo de caso", *Revista Contraponto*, Porto Alegre, v. 3, n. 2, pp. 146-64, 2016.
23. Ver Patricia de Santana Pinho e Elizabeth B. Silva, "Domestic Relations in Brazil: Legacies and Horizons", *Latin American Research Review*, Cambridge, v. 45, n. 2, pp. 90-113, 2010.
24. Os recursos usados pela classe média estabelecida brasileira para proteger esses espaços que passam a ser disputados pelos emergentes cobrem todo o repertório descrito pela literatura sociológica para caracterizar os processos de encerramento social. Um bom exemplo da "ridicularização pública" como maneira de afastar os supostos emergentes é um acontecimento de 2014 que teve ampla repercussão na mídia e em redes digitais. Trata-se do caso de uma professora universitária que postou no Facebook a foto de um homem que, soube-se depois, era um advogado que retornava de um cruzeiro internacional e estava vestido de camiseta regata e bermuda na sala de embarque do Aeroporto Santos Dumont, no Rio de Janeiro. A foto tinha a seguinte legenda: "Aeroporto ou rodoviária?". Entre os muitos posts que compartilhavam a indignação da professora apareceram comentários como: "O glamour de voar definitivamente se foi", "Isso é só uma amostra do que tenho visto pelo Brasil", conforme José Roberto de Toledo, "Aeroporto ou rodoviária?" (*O Estado de S. Paulo*, São Paulo, p. 5, 10 fev. 2014).
25. Ver Suzana Maia e Bernd Reiter, op. cit.
26. Ver Valeria Ribeiro Corossacz, op. cit.
27. Ver George St. Clair, op. cit.
28. Angela Figueiredo, op. cit., p. 11. Essa observação relativa à classe média negra pode ser estendida aos emergentes de forma geral, que são igualmente vistos como intrusos nos espaços originalmente imaginados como espaços da classe média, como se mostrou no capítulo anterior no caso, por exemplo, dos shopping centers, ou na nota acima com relação a aeroportos.
29. Ver Camila Camperuti, "Dilma é aprovada por 79% e supera Lula e FHC, diz CNI/Ibope", UOL, 19 mar. 2013.
30. Ver Mariana Oliveira e Nathalia Passarinho, "Aprovação do governo Dilma cai de 55% para 31%, aponta Ibope", *O Globo*, Rio de Janeiro, 27 jul. 2013.
31. Ver Datafolha, "Com rejeição menor, Lula lidera corrida eleitoral por Presidência em 2018", *Folha de S.Paulo*, São Paulo, 18 jul. 2016.

32. Ver Marcos Nobre, *Choque de democracia: Razões da revolta*. São Paulo: Companhia das Letras, 2013; Maria da G. Gohn, *As manifestações de junho de 2013 no Brasil e praças dos indignados no mundo*. Petrópolis: Vozes, 2014; Fabiano Santos e José Swako, "Da ruptura à reconstrução democrática no Brasil", *Saúde em Debate*, Rio de Janeiro, v. 40, número especial, pp. 114-21, 2016.
33. Vinicius Mesquita e Vinicius Konchinski, "Torcedores abrem cartazes após jogo no Maracanã e se juntam a protestos no centro do Rio", UOL, 20 jun. 2013.
34. Marcos Nobre, *Limites da democracia*, op. cit., p. 130.
35. No documento "Resolução do PSOL SP sobre as manifestações ocorridas nas últimas semanas" (São Paulo, 2013), de 25 de junho de 2013, o partido já defendia explicitamente esta posição: "É necessário canalizar a energia que vem da rua e da indignação da população para pautas concretas".
36. Recorde-se que o interesse de Rousseff pelos emergentes não era novo. Durante seu primeiro mandato, a Secretaria de Assuntos Estratégicos, criou, em 2011, uma comissão para a definição da classe média no Brasil. Em seu relatório final, a comissão busca estabelecer o que entende ser "uma definição conceitualmente sólida, prática e de fácil compreensão desse grupo, para que a qualidade de vida da nova classe média possa ser continuamente monitorada e sua presença e aspirações possam ser incorporadas ao desenho, implantação e operacionalização das políticas públicas", conforme Secretaria de Assuntos Estratégicos, "Comissão para definição da classe média no Brasil" (Brasília, 2012), p. 7.
37. PT — Partido dos Trabalhadores, "Mais mudanças, mais futuro". Brasília, 2014, grifos suprimidos.
38. Ver Coligação Muda Brasil, "Diretrizes gerais do plano de governo". São Paulo, 2014.
39. Luciana Tatagiba e Andréia Galvão, "Os protestos no Brasil em tempos de crise (2011-2016)", *Opinião Pública*, Campinas, v. 25, n. 1, p. 84, 2020.
40. Ver Claudio L. C. Penteado e Cecilia Lerner, "A direita na rede: Mobilização online no impeachment de Dilma Rousseff", *Em Debate*, Belo Horizonte, v. 10, n. 1, pp. 12-24, 2018.
41. Ver Fabiano Santos e José Swako, op. cit.
42. "Fabriquinhas" era a maneira como, segundo Bernardo M. Franco em "Ponte para o futuro" (*Folha de S.Paulo*, São Paulo, p. 2, 2 ago. 2016), os próprios parlamentares se referiam a agências públicas, diretorias de empresas públicas e cargos públicos que controlavam politicamente e que usavam como moeda de troca para negócios ilícitos com empresários.

43. Ver Thais Bilenky, "Forças Armadas lideram confiança da população; Congresso tem descrédito". *Folha de S.Paulo*, São Paulo, 24 jun. 2017.
44. Marcos Nobre, *Limites da democracia*, op. cit., p. 138 e ss.
45. Ver João Cezar de Castro Rocha, *Bolsonarismo: Da guerra cultural ao terrorismo doméstico: Retórica do ódio e dissonância cognitiva coletiva*. Belo Horizonte: Autêntica, 2023, p. 34 e ss.
46. Ibid. (p. 83 e ss.) recorre à psicologia de Leon Festinger (1919-89) para caracterizar como "dissonância cognitiva coletiva" a difusão e crença nos conteúdos falsos divulgados nas redes bolsonaristas. O conceito não me parece adequado para definir a difusão de mensagens deliberadamente distorcidas, pois, ao menos em seu sentido original, dissonância cognitiva diz respeito ao desconforto psicológico de não viver de acordo com certos princípios ou valores que são caros a determinada pessoa. Parece-me difícil chegar a um juízo conclusivo sobre os efeitos das notícias falsas difundidas nas redes da extrema direita. Em casos extremos, como aqueles vistos na onda de protestos de 2022 e começo de 2023 contra a vitória de Lula, parece-me possível formular que as notícias falsas efetivamente criam um mundo paralelo, no sentido ontológico. Não se trata mais, portanto, de interpretações e visões (ideológicas) distintas sobre um mesmo mundo, mas da construção de mundos distintos. Assim, os objetivos da intervenção política podem até ser compartilhados por bolsonaristas e lulistas (progresso material, menos pobreza, menos criminalidade), mas, como enxergam diante de si mundos distintos, têm divergências de fundo. Também do ponto de vista das ameaças e do medo coletivo que projeta, o discurso da extrema direita gera ameaças ontológicas, na medida em que, por exemplo, alerta para os riscos de que pais não poderão mais educar seus filhos, já que marxistas culturais vão decidir até a identidade sexual das crianças nas escolas.
47. Ver Gilberto Calil, "Olavo de Carvalho e a ascensão da extrema-direita", *Argumentum*, Vitória, v. 13, n. 2, pp. 64-82, 2021.
48. A relação entre as muitas denominações evangélicas e a política não é fácil de ser resumida. A paisagem política é muito diversa e cambiante ao longo do tempo. Para nossos fins aqui, vale a pena lembrar que ser evangélico não é sinônimo de ser conservador e que, mesmo entre evangélicos conservadores, uma boa parte, como mostram Esther Solano Gallego e Camila Rocha (Orgs.) em *Brasil em colapso* (São Paulo: Ed. Unifesp, 2019, p. 73), defende os discursos pela igualdade. O que não toleram, conforme a pesquisa das autoras, é a "lacração", ou seja, posicionamentos orientados por uma suposta superioridade moral, e o "vitimismo", no qual "uma pessoa se coloca de antemão como vítima por ser mulher, negra, ou LGBT, ou seja, abaixo da outra".

49. João G. B. Santos e Karina S. Santos, "Das bancadas ao WhatsApp: Redes de desinformação como arma política", em Esther Solano Gallego e Camila Rocha (Orgs.), op. cit., pp. 45-60.
50. Ver João Cezar de Castro Rocha, op. cit.
51. Rodrigo Nunes, *Do transe à vertigem: Ensaios sobre bolsonarismo e um mundo em transição*. São Paulo: Ubu, 2022, p. 40.
52. Ibid., p. 42.
53. Ibid., p. 38, grifos no original.
54. PSL — Partido Social Liberal, "O caminho da prosperidade: Proposta de plano de governo". Brasília, 2018.
55. Ibid., grifos no original.
56. Ver Coligação O Povo Feliz de Novo, "Plano de governo 2019-2022". Brasília, 2018.
57. Airton Vieira, "Manifestação. Inquérito 4781". Brasília: Supremo Tribunal Federal, 2022.
58. Marcos Nobre, *Limites da democracia*, op. cit., p. 192 e ss.
59. Ver, por exemplo, Daniel Giovanaz, "Política de morte adotada na pandemia dialoga com velhas propostas de Jair Bolsonaro" (Brasil de Fato, 18 mar. 2021).
60. Achille Mbembe, *Necropolitics*. Durham: Duke University Press, 2019, p. 66.
61. Bianca Santana, Entrevista. Brasil de Fato, 3 out. 2023.
62. Rodrigo Nunes, op. cit., p. 133.
63. Ver Herton Escobar, "Do pátio da Faculdade de Direito, um grito uníssono ecoa em defesa da democracia", *Jornal da USP*, São Paulo, 11 ago. 2022.
64. Ver Coligação Brasil da Esperança, "Diretrizes para o programa de reconstrução e transformação do Brasil — 2023-2026". São Paulo, 2022.
65. Ver Jair Bolsonaro, "Programa de Governo 2023-2026". 2022.
66. Ver Igor Gielow, "Datafolha: Reprovação de Lula vai a 33% e empata com aprovação, agora de 35%", *Folha de S.Paulo*, São Paulo, 21 mar. 2024.
67. Monitor do Debate Político no Meio Digital, "Manifestação 'em defesa do Estado democrático de direito' — Rio de Janeiro, 21 de abril de 2024". São Paulo: USP, 2024.

Conclusões [pp. 153-64]

1. Ver Max Weber, op. cit.
2. Alex Cuadros, *Brazillionaires: Wealth, Power, Decadence, and Hope in an American Country*. Nova York: Spiel & Grau, 2016.
3. Ver Sérgio Gobetti, op. cit.

Referências bibliográficas

ACKER, Joan. "Inequality Regimes: Gender, Class, and Race in Organizations". *Gender & Society*, Cambridge, Massachusetts, v. 20, n. 4, pp. 441-64, 2006.
ALMEIDA, Ronaldo de. "Bolsonaro presidente: Conservadorismo, evangelismo e a crise brasileira". *Novos Estudos Cebrap*, São Paulo, v. 38, n. 1, pp. 185-213, 2019.
ANDERSON, Perry. "Crisis in Brazil". *London Review of Books*, Londres, v. 38, n. 8, pp. 15-22, 2016.
_____. "Bolsonaro's Brazil". *London Review of Books*, Londres, v. 41, n. 3, pp. 11-22, 2019.
ANDIFES — ASSOCIAÇÃO NACIONAL DOS DIRIGENTES DAS INSTITUIÇÕES DE ENSINO SUPERIOR. *V Pesquisa Nacional de Perfil Socioeconômico e Cultural dos(as) Graduandos(as) das IFES — 2018*. Brasília, 2019.
ANDRADE, Mariana. "Lula baterá recorde de mulheres e negros nos ministérios desde a redemocratização". Metrópoles, 29 dez. 2022.
ANDREWS, George R. *Afro-Latin America, 1800-2000*. Oxford: Oxford University Press, 2004.
ANTHIAS, Floya. "Social Categories, Embodied Practices, Intersectionality: Towards a Translocational Approach". In: CÉLLERI, Daniela; SCHWARZ, Tobias; WITTGER, Bea (Orgs.). *Interdependencies of Social Categorisations*. Madri: Iberoamericana; Frankfurt: Vervuert, 2013. pp. 7-26.
_____. "Interconnecting Boundaries of Identity and Belonging and Hierarchy-Making within Transnational Mobility Studies: Framing Inequalities". *Current Sociology*, Londres, v. 64, n. 2, pp. 172-90, 2016.
_____. *Translocational Belongings: Intersectional Dilemmas and Social Inequalities*. Londres: Routledge, 2021.
ARAÚJO, Ernesto H. F. "Trump e o Ocidente". *Cadernos de Política Exterior*, Brasília, v. 3, n. 6, pp. 323-58, 2017.
ARRETCHE, Marta. "Democracia e redução da desigualdade econômica no Brasil: A inclusão dos outsiders". *Revista Brasileira de Ciências Sociais*, São Paulo, v. 33, n. 96, pp. 1-23, 2018.
ASSOCIAÇÃO BRASILEIRA DE PREVENÇÃO DOS ACIDENTES DE TRÂNSITO. "Estatísticas do seguro obrigatório DPVAT". Vias Seguras, 2018.

Disponível em: <vias-seguras.com/os_acidentes/estatisticas/estatisticas_nacionais/estatisticas_do_seguro_dpvat>. Acesso em: 8 jul. 2024.

BADIA I DALMASES, Francesc; COSTA, Sérgio (Orgs.). *¿Condenados a la Desigualdad? De la Marea Rosa al Giro a la Derecha*. Barcelona: Open Democracy; Berlim: LAI, 2018. Livro eletrônico. Disponível em: <www.opendemocracy.net/es/democraciaabierta-es/am%C3%A9rica-latina--est%C3%A1-condenada-a-la-desigualdad>. Acesso em: 8 jul. 2024.

BAGGIO, Kátia G. "Conexões ultraliberais nas Américas: O *think tank* norte-americano Atlas Network e suas vinculações com organizações latino-americanas". In: XII Encontro Internacional da Associação Nacional de Pesquisadores e Professores de História das Américas, 2016, Campo Grande. *Anais...* São Paulo: Anphlac, 2016.

BAQUERO MELO, Jairo. *Layered Inequalities: Land Grabbing, Collective Land Rights, and Afro-Descendant Resistance in Colombia*. Berlim: LIT, 2015.

BERG, Janine. "Labour Market Institutions: The Building Blocks of Just Societies". In: _____ (Org.). *Labour Market Institutions for Just Societies*. Genebra: International Labour Office, 2012. pp. 1-35.

BHABHA, Homi. *The Location of Culture*. Londres: Routledge, 1994.

BHERING, Davi; CASTRO, Fábio A. de. "Wealth Inequality in Brazil". PSE Working Papers, 2023. Disponível em: <hal.science/PJSE_WP/halshs-04166852v1>. Acesso em: 8 jul. 2024.

BIELSCHOWSKY, Ricardo. "O modelo de desenvolvimento proposto por Lula e Dilma". Brasil Debate, 26 set. 2014.

BILENKY, Thais. "Forças Armadas lideram confiança da população; Congresso tem descrédito". *Folha de S.Paulo*, São Paulo, 24 jun. 2017.

BIROLI, Flávia. "Gênero, 'valores familiares' e democracia". In: _____; MACHADO, Maria das Dores Campos; VAGGIONE, Juan Marco. *Gênero, neoconservadorismo e democracia: Disputas e retrocessos na América Latina*. São Paulo: Boitempo, 2020. pp. 135-88.

BOATCĂ, Manuela; ROTH, Julia. "Unequal and Gendered: Notes on the Coloniality of Citizenship". *Current Sociology*, Londres, v. 64, n. 2, pp. 191-212, 2016.

_____; KOMLOSY, Andrea; NOLTE, Hans-Heinrich (Orgs.). *Global Inequalities in World-Systems Perspective: Theoretical Debates and Methodological Innovations*. Londres: Routledge, 2017.

BOITO JR., Armando. "O caminho brasileiro para o fascismo". *Caderno CRH*, Salvador, v. 34, pp. 1-23, 2021.

_____; BERRINGER, Tatiana. "Brasil: Classes sociais, neodesenvolvimentismo e política externa nos governos Lula e Dilma". *Revista de Sociologia e Política*, Curitiba, v. 21, n. 47, pp. 31-8, 2013.

BOLSONARO, Jair. "Programa de Governo 2023-2026". 2022. Disponível em: <static.poder360.com.br/2022/08/plano-de-governo-bolsonarodefinitivo.pdf>. Acesso em: 8 jul. 2024.

BONIN, Robson. "Popularidade de Lula bate recorde e chega a 87%, diz Ibope". *O Globo*, Rio de Janeiro, 16 dez. 2010.

BONOTO, Carolina; BRIGNOL, Liliane. "'É de confiar desconfiando': Tensões e conflitos entre o ativismo LGBT e a mídia". *Contracampo*, Niterói, v. 39, n. 3, pp. 118-30, 2020.

BOURDIEU, Pierre. *La Distinction: Critique sociale du jugement*. Paris: Minuit, 1979. [Ed. bras.: *A distinção: Crítica social do julgamento*. Porto Alegre: Zouk, 2011.]

BRAIG, Marianne; COSTA, Sérgio; GÖBEL, Barbara. "Desigualdades sociales e interdependencias globales en América Latina: Una valoración provisional". *Revista Mexicana de Ciencias Políticas y Sociales*, Cidade do México, v. 40, n. 233, pp. 209-36, 2015.

BRASIL. CÂMARA DOS DEPUTADOS. "Bancada feminina aumenta 18,2% e tem duas representantes trans". Brasília, 3 out. 2022.

BRASIL. MINISTÉRIO DA EDUCAÇÃO. *A democratização e expansão da educação superior no país 2003-2014*. Brasília, 2014.

BRASIL. MINISTÉRIO DO PLANEJAMENTO. *Evolução recente da carga tributária federal*. Brasília, Assessoria Econômica do Ministério do Planejamento, Orçamento e Gestão, 2015.

BRASIL. PRESIDÊNCIA DA REPÚBLICA. CASA CIVIL. *Constituição da República Federativa do Brasil de 1988*. Brasília, 1988. Disponível em: <www.planalto.gov.br/ccivil_03/constituicao/constituicaocompilado.htm#adct>. Acesso em: 8 jul. 2024.

BRASIL. SECRETARIA DE ASSUNTOS ESTRATÉGICOS. *Comissão para definição da classe média no Brasil. Relatório final* Brasília, 2012.

BUENO, Marina. "As condicionalidades do Programa Bolsa Família: O avesso da cidadania". *Lugar Comum*, Rio de Janeiro, v. 29, pp. 33-46, 2009.

BUTLER, Judith. *Undoing Gender*. Londres: Routledge, 2004.

CALDEIRA, Teresa. "Qual a novidade dos rolezinhos? Espaço público, desigualdade e mudança em São Paulo". *Novos Estudos Cebrap*, São Paulo, v. 104, pp. 13-20, 2014.

CALIL, Gilberto. "Olavo de Carvalho e a ascensão da extrema-direita". *Argumentum*, Vitória, v. 13, n. 2, pp. 64-82, 2021.

CAMPERUT, Camila. "Dilma é aprovada por 79% e supera Lula e FHC, diz CNI/Ibope". UOL, 19 mar. 2013.

CARDOSO, Adalberto; PRÉTECEILLE, Edmond. "Classes médias no Brasil: Do que se trata? Qual seu tamanho? Como vem mudando?". *Dados*, Rio de Janeiro, v. 60, n. 4, pp. 977-1023, 2017.

CARNUT, Leonardo; MENDES, Áquilas; GUERRA, Lucia. "Coronavirus, Capitalism in Crisis and the Perversity of Public Health in Bolsonaro's Brazil". *International Journal of Health Services*, Nova York, v. 51, n. 1, pp. 18-30, 2021.

CARVALHAES, Flávio; RIBEIRO, Carlos Antonio Costa. "Estratificação horizontal da educação superior no Brasil: Desigualdades de classe, gênero e raça em um contexto de expansão educacional". *Tempo Social*, São Paulo, v. 31, n. 1, pp. 95-233, 2019.

CARVALHO JR., Pedro Humberto Bruno, "O sistema tributário dos países da OCDE e as principais recomendações da entidade: fornecendo parâmetros para a reforma tributária no Brasil" (Nota técnica Dinte, Publicação preliminar). Brasília: Ipea, 2022.

CASTRO, Fábio Avila de. *Imposto de renda da pessoa física: Comparações internacionais, medidas de progressividade e redistribuição*. Brasília: Face-UnB, 2014. Dissertação (Mestrado em Economia do Setor Público).

CHATTERJEE, Partha. *The Politics of the Governed*. Nova York: Columbia University Press, 2004.

CLÉMENT, Matthieu et al. "Anatomy of the Brazilian Middle Class: Identification, Behaviours, and Expectations". *CEPAL Review*, Santiago, v. 130, pp. 129-47, 2020.

COHEN, James. "Latinos in the United States: Mestizo Logics vs. the Black-White Binary?". *e-Rea — Revue Électronique d'Études sur le Monde Anglophone*, online, 20 jan. 2022.

COLIGAÇÃO BRASIL DA ESPERANÇA. "Diretrizes para o programa de reconstrução e transformação do Brasil — 2023-2026". São Paulo, 2022. Disponível em: <divulgacandcontas.tse.jus.br/candidaturas/oficial/2022/BR/BR/544/candidatos/280001607829/pje-3b1196fd-Proposta%20de%20governo.pdf>. Acesso em: 8 jul. 2024.

COLIGAÇÃO MUDA BRASIL. "Diretrizes gerais do plano de governo". São Paulo, 2014.

COLIGAÇÃO O POVO FELIZ DE NOVO. "Plano de governo 2019-2022". Brasília, 2018.

COLLINS, Patricia Hill; BILGE, Sirma. *Intersectionality*. 2. ed. Cambridge: Polity, 2020.

CONNOLLY, Lesley. "Fragility and the State: Post-Apartheid South Africa and the State-Society Contract in the 21st Century". *African Journal on Conflict Resolution*, Durban, v. 13, n. 2, pp. 87-111m, 2013.

CONRAD, Sebastian; RANDERIA, Shalini. "Einleitung. Geteilte Geschichten: Europa in einer postkolonialen Welt". In: _____; _____ (Orgs.). *Jenseits des Eurozentrismus: Postkoloniale Perspektiven in den Geschichts- und Kulturwissenschaften*. Frankfurt: Campus, 2002. pp. 9-49.

COONEY, Paul. "Reprimarization: Implications for the Environment and Development in Latin America: The Cases of Argentina and Brazil". *Review of Radical Political Economics*, Thousand Oaks, v. 48, n. 4, pp. 553-61, 2016.

COROSSACZ, Valeria Ribeiro. "Relatos de branquitude entre um grupo de homens brancos do Rio de Janeiro". *Revista Crítica de Ciências Sociais*, Coimbra, v. 105, pp. 43-64, 2014.

COSTA, Sérgio. *Dois Atlânticos*. Belo Horizonte: Ed. UFMG, 2006.

_____. "Researching Entangled Inequalities in Latin America: The Role of Historical, Social, and Transregional Interdependencies". desiguALdades.net, Working Paper n. 9, 2011.

_____. "Entangled Inequalities, State, and Social Policies in Contemporary Brazil". In: YSTANES, Margit; STRØNEN, Iselin. (Orgs.). *The Social Life of Economic Inequalities in Contemporary Latin America*. Basingstoke: Palgrave Macmillan, 2017. pp. 59-80.

_____. "Millionaires, the Established, the Outsiders, and the Poor: Social Structure and Political Crisis in Braziil". In: JELIN, Elizabeth; MOTTA, Renata; _____. (Orgs.). *Global Entangled Inequalities: Conceptual Debates and Evidence from Latin America*. Londres: Routledge, 2017.

_____. "The Neglected Nexus between Conviviality and Inequality". *Novos Estudos Cebrap*, São Paulo, v. 38, n. 1, pp. 15-32, 2019.

_____. "Der Rechtsruck in Brasilien: Ein intersektionaler Deutungsversuch". *Leviathan*, Berlim, v. 48, n. 4, pp. 655-79, 2020.

_____; RIOS, Flavia; BALDRAIA, Fernando. "Promises and Pitfalls of Intersectional Politics: The Black Coalition for Rights in Brazil". *Social Sciences*, Basileia, v. 12, n. 12, pp. 1-14, 2023.

CREENSHAW, Kimberle. "Demarginalizing the Intersection of Race and Sex: A Black Feminist Critique of Antidiscrimination Doctrine, Feminist Theory and Antiracist Politics". *University of Chicago Legal Forum*, Chicago, v. 1989, n. 1, 1989.

CUADROS, Alex. *Brazillionaires: Wealth, Power, Decadence, and Hope in an American Country*. Nova York: Spiel & Grau, 2016.

CUCOLO, Eduardo et al. "Entenda a reforma tributária em poucos gráficos". *Folha de S.Paulo*, São Paulo, 8 nov. 2023.

DATAFOLHA. "Brasil: Eleições 2014: Intenção de voto para presidente da República, 2º turno, véspera". 27 out. 2014. Disponível em: <media.folha.uol.com.br/datafolha/2014/10/25/intencao_de_voto_presidente_vespera_2_turno.pdf>. Acesso em: 8 jul. 2024.

_____. "Com rejeição menor, Lula lidera corrida eleitoral por Presidência em 2018". *Folha de S.Paulo*, São Paulo, 18 jul. 2016.

_____. "Eleições 2018: Tabelas". 27 out. 2018. Disponível em: <media.folha.uol.com.br/datafolha/2018/10/28/b469d4556e176c907bad8986ccc459cd.pdf>. Acesso em: 8 jul. 2024.

_____. "Pesquisas eleitorais". G1, 27 out. 2022. Disponível em: <especiaisg1.globo/politica/eleicoes/2022/pesquisas-eleitorais/presidente/2-turno/Datafolha>. Acesso em: 8 jul. 2024.

DAVIS, Kingsley; MOORE, Wilbert E. "Some Principles of Stratification". *American Sociological Review*, Washington, v. 10, n. 2, pp. 242-9, 1944.

DE LA CADENA, Marisol. "Indigenous Cosmopolitics in the Andes: Conceptual Reflections Beyond 'Politics'". *Cultural Anthropology*, Arlington, v. 25, n. 2, pp. 334-70, 2010.

DIEESE — DEPARTAMENTO INTERSINDICAL DE ESTATÍSTICA E ESTUDOS SOCIOECONÔMICOS. "A política de valorização do salário mínimo: Persistir para melhorar". *Nota Técnica*, São Paulo: Dieese, n. 136, maio 2014.

_____. "O trabalho doméstico 10 anos após a PEC das Domésticas". *Estudos e Pesquisas*, São Paulo: Dieese, n. 106, abr. 2023.

DIETZ, Kristina. "Researching Inequalities from a Socio-Ecological Perspective". In: JELIN, Elizabeth; MOTTA, Renata C.; COSTA, Sérgio (Orgs.). *Global Entangled Inequalities: Conceptual Debates and Evidence from Latin America*. Londres: Routledge, 2017. pp. 76-92.

DÖRRE, Klaus. "Landnahme, das Wachstumsdilemma und die 'Achsen der Ungleichheit'". *Berliner Journal für Soziologie*, Berlim, v. 22, n. 1, pp. 101-28, 2012.

EL GINDI, Tamer. "Natural Resource Dependency, Neoliberal Globalization, and Income Inequality: Are They Related? A Longitudinal Study of Developing Countries (1980-2010)". *Current Sociology*, Londres, v. 65, n. 1, pp. 21-53, 2017.

ELIAS, Norbert. *Was ist Soziologie?* Munique: Juventa, 1971.

_____; SCOTSON, John L. *The Established and the Outsiders* [1965]. Dublin: University College Dublin Press, 1994.

ESCOBAR, Herton. "Do pátio da Faculdade de Direito, um grito uníssono ecoa em defesa da democracia". *Jornal da USP*, São Paulo, 11 ago. 2022.

ESCOLA SEM PARTIDO. Blog. 2018. Disponível em: <escolasempartido.org/blog/4>. Acesso em: 8 jul. 2024.

ESQUIVEL, Valeria; JELIN, Elizabeth; FAUR, Eleonor (Orgs.). *Las lógicas del cuidado infantil: Entre las familias, el Estado y el mercado*. Buenos Aires: Ides, 2012.

EUROPEAN UNION. *Taxation Trends in the European Union: Data for the EU Member States, Iceland and Norway*. Luxemburgo: Publications Office of the European Union, 2014.

FAIST, Thomas. "Cross-Border Migration and Social Inequalities". *Annual Review of Sociology*, Palo Alto, v. 42, n. 1, pp. 323-47, 2016.

FEITOSA, Cleyton. "Políticas públicas LGBT no Brasil: Um estudo sobre o Centro Estadual de Combate à Homofobia de Pernambuco". *Sexualidad, Salud y Sociedad*, Rio de Janeiro, v. 32, pp. 90-118, 2019.

FERNANDES, Florestan. *A integração do negro na sociedade de classes*. São Paulo: Edusp; Dominus, 1965. 2 v.

FERREIRA, Francisco H. G. et al. *Economic Mobility and the Rise of the Latin American Middle Class*. Washington, DC: World Bank, 2013.

FGV SOCIAL. "Qual foi o impacto da crise sobre a pobreza e a distribuição de renda?". Rio de Janeiro, 2018.

_____. "Qual a faixa de renda familiar das classes?". Rio de Janeiro, 2024.

FIGUEIREDO, Angela. *Classe média negra: Trajetórias e perfis*. Salvador: Edufba, 2012.

FÓRUM BRASILEIRO DE SEGURANÇA PÚBLICA. "Painel da Violência Contra a Mulher". São Paulo, 2023. Disponível em: <forumseguranca.org.br/painel-violencia-contra-a-mulher>. Acesso em: 8 jul. 2024.

FÓRUM BRASILEIRO DE SEGURANÇA PÚBLICA; DATAFOLHA. "Visível e invisível: A vitimização de mulheres no Brasil". São Paulo, 4ª edição, 2023. Disponível em: <forumseguranca.org.br/wp-content/uploads/2023/03/visibleinvisivel-2023-relatorio.pdf>. Acesso em: 13 set. 2024.

FOUCAULT, Michel. *Die Ordnung der Dinge* [*Les Mots et les choses*, 1966]. Frankfurt: Suhrkamp, 1974. [Ed. bras.: *As palavras e as coisas*. São Paulo: Martins Fontes, 2019.]

_____. *Power/Knowledge: Selected Interviews and Other Writings, 1972-1977*. Nova York: Pantheon, 1980.

FOWLER, Alan; BIEKART, Kees. "Navigating Polycentric Governance from a Citizen's Perspective: The Rising New Middle Classes Respond". *The European Journal of Development Research*, Londres, v. 28, n. 4, pp. 705-21, 2016.

FRANCO, Bernardo M. "Ponte para o futuro". *Folha de S.Paulo*, São Paulo, p. 2, 2 ago. 2016.

FRANCO ELIZONDO, Apolonia. *Theorie der Globalen Gerechtigkeit: Zwischen Anerkennung und Umverteilung*. Würzburg: Egon, 2015.

FRASER, Nancy. "A Triple Movement? Parsing the Politics of Crisis after Polanyi". *New Left Review*, Londres, v. 81, n. 1, pp. 119-32, 2013.

_____; HONNETH, Axel. *Redistribution or Recognition? A Political-Philosophical Exchange*. Londres: Verso, 2003.

FREITAS, Jefferson Belarmino de. "Sobre a humilhação no cotidiano do emprego doméstico". *Dados*, Rio de Janeiro, v. 57, n. 1, pp. 199-236, 2014.

FRENCH, Jan Hoffman. *Legalizing Identities: Becoming Black or Indian in Brazil's Northeast*. Chapel Hill: University of North Carolina Press, 2009.

FRIGOTTO, Gaudêncio (Org.). *Escola "sem" Partido: Esfinge que ameaça a educação e a sociedade brasileira*. Rio de Janeiro: Uerj; LPP, 2017.

FUKS, Mario; MARQUES, Pedro Henrique. "Contexto e voto: O impacto da reorganização da direita sobre a consistência ideológica do voto nas eleições de 2018". *Opinião Pública*, Campinas, v. 26, n. 3, pp. 401-30, 2020.

GALLEGO, Esther Solano; ROCHA, Camila. "Conservadores versus movimentos feminista, negro e LGBT: Um diálogo impossível". In: _____; _____ (Orgs.). *Brasil em colapso*. São Paulo: Ed. Unifesp, 2019. pp. 61-74.

GAULARD, Mylène. "Balance sobre la cuestión de las desigualdades en Brasil". *Revista Problemas del Desarrollo*, Cidade do México, v. 166, n. 42, pp. 111-34, 2011.

GETHIN, Amory; MORGAN, Marc. "Brazil Divided: Hindsights on the Growing Politicisation of Inequality (WID.world Issue Brief 2018/3)". World Inequality Database, 2018.

_____; _____. "Democracy and the Politicization of Inequality in Brazil, 1989-2018 (Working Paper 2021/07)". World Inequality Lab, 2021.

GIDDENS, Anthony. *The Class Structure of the Advanced Societies*. Londres: Hutchinson University Library, 1973.

_____. *The Consequences of Modernity*. Redwood City: Stanford University Press, 1990.

GIELOW, Igor. "Datafolha: Lula tem 52% dos votos válidos contra 48% de Bolsonaro na véspera da eleição". *Folha de S.Paulo*, São Paulo, 29 out. 2022.

_____. "Datafolha: Reprovação de Lula vai a 33% e empata com aprovação, agora de 35%". *Folha de S.Paulo*, São Paulo, 21 mar. 2024.

GILROY, Paul. *Against Race: Imagining Political Culture Beyond the Color Line*. Cambridge, Massachusetts: Harvard University Press, 2001.

_____. *After Empire: Melancholia or Convivial Cultures*. Londres: Routledge, 2004.

GIOVANAZ, Daniel. "Política de morte adotada na pandemia dialoga com velhas propostas de Jair Bolsonaro". Brasil de Fato, 18 mar. 2021. Disponível em: <www.brasildefato.com.br/2021/03/18/politica-de-morte-adotada-na-pandemia-dialoga-com-velhas-propostas-de-jair-bolsonaro>. Acesso em: 8 jul. 2024.

GOBETTI, Sérgio W. "Concentração de renda no topo: Novas revelações pelos dados do IRPF (parte 2)". Observatório de Política Fiscal, 2024. Disponível em: <observatorio-politica-fiscal.ibre.fgv.br/politica-economica/pesquisa-academica/concentracao-de-renda-no-toponovas-revelacoes--pelos-dados-0>. Acesso em: 8 jul. 2024.

_____; ORAIR, Rodrigo O. "Taxation and Distribution of Income in Brazil: New Evidence from Personal Income Tax Data". *Brazilian Journal of Political Economy*, São Paulo, v. 37, n. 2, pp. 267-86, 2017.

GOHN, Maria da G. *As manifestações de junho de 2013 no Brasil e praças dos indignados no mundo*. Petrópolis: Vozes, 2014.

GONÇALVES, Guilherme L.; COSTA, Sérgio. "The Global Constitutionalization of Human Rights: Overcoming Contemporary Injustices or Juridifying Old Asymmetries?". *Current Sociology*, Londres, v. 64, n. 2, pp. 311-31, 2016.

_____; _____. *Um porto no capitalismo global*. São Paulo: Boitempo, 2020.

GÓNGORA-MERA, Manuel. "Transregional Articulations of Law and Race in Latin America: A Legal Genealogy of Inequality". In: JELIN, Elizabeth; MOTTA, Renata C.; COSTA, Sérgio (Orgs.). *Global Entangled Inequalities: Conceptual Debates and Evidence from Latin America*. Londres: Routledge, 2017. pp. 42-58.

_____; ROCÍO, Vera Santos; COSTA, Sérgio. *Entre el Atlántico y el Pacífico Negro: Afrodescendencia y Regimes de Desigualdad en Sudamérica*. Frankfurt: Iberoamericana-Vervuert, 2019.

GRASS, Claudio. "A Escola de Frankfurt, o marxismo cultural e o politicamente correto como ferramenta de controle". Instituto Mises Brasil, 4 maio 2016. Disponível em: <mises.org.br//article/2401/a-escola-de-frankfurt-o-marxismo-cultural-e-o-politicamente-correto-como-ferramenta-de-controle>. Acesso em: 8 jul. 2024.

GRUPO GAY DA BAHIA. "Mortes violentas de LGBTI+ no Brasil — Relatório 2019". Salvador, 2019. Disponível em: <observatoriomorteseviolenciaslgbtibrasil.org/todos-dossies/grupo-gay-da-bahia>. Acesso em: 8 jul. 2024.

GUIMARÃES, Antônio Sérgio Alfredo. "Classes sociais". In: *O que ler na ciência social brasileira (1970-1995)*. São Paulo: Sumaré/Anpocs/Capes, 1999.

HALL, Stuart. "On Postmodernism and Articulation: An Interview with Stuart Hall". In: MORLEY, David; CHEN, Kuan-Hsing (Orgs.). *Stuart Hall Critical Dialogues in Cultural Studies* [1986]. Londres: Routledge, 1996. pp. 131-50.

_____. "The West and the Rest: Discourse and Power". In: HALL, Stuart; HELD, David; DON, Hubert; THOMPSON, Kenneth (Orgs.). *Modernity: Introduction to the Modern Societies*. Cambridge; Oxford: Wiley-Blackwell, 1996. pp. 185-227.

HALLAK NETO, João. "A preocupante trajetória da distribuição funcional da renda no Brasil". *Carta Capital*, São Paulo, 18 abr. 2023.

HARAWAY, Donna. "Situated Knowledges: The Science Question in Feminism and the Privilege of Partial Perspective". *Feminist Studies*, Washington, v. 14, n. 3, pp. 575-99, 1988.

HEIMAN, Rachel; FREEMAN, Carla; LIECHTY, Mark (Orgs.). *The Global Middle Classes: Theorizing through Ethnography*. Santa Fe: SAR Press, 2012.

HIRATUKA, Célio; SARTI, Fernando. "Transformações na estrutura produtiva global, desindustrialização e desenvolvimento industrial no Brasil". *Brazilian Journal of Political Economy*, São Paulo, v. 37, n. 1, pp. 189-207, 2017.

HOFFMAN, Kelly; CENTENO, Miguel A. "The Lopsided Continent: Inequality in Latin America". *Annual Review of Sociology*, Palo Alto, v. 29, pp. 263-90, 2003.

HONNETH, Axel. *Kampf um Anerkennung: Zur moralischen Grammatik sozialer Konflikte*. Frankfurt: Suhrkamp, 1994. [Ed. bras.: *Luta por reconhecimento: A gramática moral dos conflitos sociais*. São Paulo: Ed. 34, 2009.]

IBGE — INSTITUTO BRASILEIRO DE GEOGRAFIA E ESTATÍSTICA. *PNAD 2012: Pesquisa Nacional por Amostra de Domicílios*. Rio de Janeiro, 2012. Disponível em: <biblioteca.ibge.gov.br/index.php/biblioteca-catalogo?view=detalhes&id=52969>. Acesso em: 8 jul. 2024.

_____. *PNAD 2015: Pesquisa Nacional por Amostra de Domicílios*. Rio de Janeiro, 2015. Disponível em: <biblioteca.ibge.gov.br/index.php/biblioteca-catalogo?view=detalhes&id=53631>. Acesso em: 8 jul. 2024.

_____. "Desigualdades sociais por cor ou raça no Brasil". Rio de Janeiro, 2022. Disponível em: <biblioteca.ibge.gov.br/index.php/biblioteca-catalogo?view=detalhes&id=2101972>. Acesso em: 8 jul. 2024.

_____. "Brasil: Frota de veículos 2014". Rio de Janeiro, 2023. Disponível em: <cidades.ibge.gov.br/brasil/pesquisa/22/28120>. Acesso em: 8 jul. 2024.

_____. "Em 2022, mulheres dedicaram 9,6 horas por semana a mais do que os homens aos afazeres domésticos ou ao cuidado de pessoas". Agência IBGE Notícias, 24 ago. 2023. Disponível em: <agenciadenoticias.ibge.gov.br/agencia-noticias/2012-agencia-de-noticias/noticias/37621-em-2022-mulheres-dedicaram-9-6-horas-por-semana-a-mais-do-que-os-homens-aos-afazeres-domesticos-ou-ao-cuidado-de-pessoas>. Acesso em: 8 jul. 2024.

ILLICH, Ivan. *Tools for Conviviality*. Nova York: Harper & Row, 1973.

INEP — INSTITUTO DE ESTUDOS E PESQUISAS EDUCACIONAIS ANÍSIO TEIXEIRA. "Censo da Educação Superior 2016". Brasília, 2018. Disponível em: <portal.inep.gov.br/web/guest/sinopses-estatisticas-da-educacao-superior>. Acesso em: 8 jul. 2024.

_____. "Censo da Educação Superior 2022. Principais Resultados". Brasília, 2023.

INSTITUTO DE DESENVOLVIMENTO E DIREITOS HUMANOS ET AL. (Orgs.). *Manual de defesa contra a censura nas escolas*. São Paulo, 2018.

IPEA — INSTITUTO DE PESQUISA ECONÔMICA APLICADA. *Retrato das desigualdades de gênero e raça*. Brasília, 2022. Disponível em: <www.ipea.gov.br/retrato/apresentacao.html>. Acesso em: 8 jul. 2024.

_____; FBSP — FÓRUM BRASILEIRO DE SEGURANÇA PÚBLICA. *Atlas da Violência 2019*. Brasília, 2019.

IPEC — INTELIGÊNCIA EM PESQUISA E CONSULTORIA. "Pesquisas eleitorais, presidente, 2º turno". G1, 24 out. 2022. Disponível em: <especiaisg1.globo/politica/eleicoes/2022/pesquisas-eleitorais/presidente/2-turno/Ipec>. Acesso em: 8 jul. 2024.

JELIN, Elizabeth. "Unequal Differences: Gender, Ethnicity/Race and Citizenship in Class Societies (Historical Realities, Analytical Approaches)". In: _____; MOTTA, Renata C.; COSTA, Sérgio (Orgs.). *Global Entangled Inequalities: Conceptual Debates and Evidence from Latin America*. Londres: Routledge, 2017. pp. 109-27.

_____; MOTTA, Renata C.; COSTA, Sérgio (Orgs.). *Global Entangled Inequalities. Conceptual Debates and Evidence from Latin America*. Londres: Routledge, 2017.

_____; _____; _____ (Orgs.). *Repensar las desigualdades: Cómo se producen y entrelazan las asimetrías globales (y qué hace la gente con eso)*. Buenos Aires: Siglo XXI, 2020.

JIMÉNEZ, Juan P.; AZCÚNAGA, Isabel López. "¿Disminución de la desigualdad en América Latina? El rol de la política fiscal". desiguALdades.net, Working Paper n. 33, 2012.

KLEIN, Charles H.; MITCHELL, Sean T.; JUNGE, Benjamin. "Naming Brazil's Previously Poor: 'New Middle Class' as an Economic, Political, and Experiential Category". *Economic Anthropology*, Hoboken, v. 5, n. 1, pp. 83-95, 2018.

KORZENIEWICZ, Roberto Patricio (Org.). *The World-System as Unit of Analysis Past Contributions and Future Advances*. Londres: Routledge, 2017.

_____; MORAN, Timothy Patrick. *Unveiling Inequality*. Nova York: Russell Sage Foundation, 2009.

KRECKEL, Reinhard. *Politische Soziologie der sozialen Ungleichheit*. 3. ed. Frankfurt: Campus, 2004.

_____. *Soziologie der sozialen Ungleichheit im globalen Kontext* (*Der Hallesche Graureiher 2006-4*). Halle: Institut für Soziologie, 2004.

LAVINAS, Lena. "21st Century Welfare". *New Left Review*, Londres, v. 84, n. 6, pp. 5-40, 2013.

_____. "The Collateralization of Social Policy under Financialized Capitalism". *Development and Change*, Oxford, v. 49, n. 2, pp. 502-17, 2018.

LES CONVIVIALISTES. *Manifeste convivialiste: Déclaration d'interdépendance*. Lormont: Le Bord de l'eau, 2013.

LESSENICH, Stephan. "Die Externalisierungsgesellschaft". *Soziologie*, [s.l.], v. 44, n. 1, pp. 22-33, 2015.

_____. "Doppelmoral hält besser: Die Politik mit der Solidarität in der Externalisierungsgesellschaft". *Berlin Journal für Soziologie*, Berlim, v. 30, pp. 113-30, 2020.

LIMA, Juliana. "A crise das universidades federais: E uma análise sobre o problema". *Nexo*, online, 8 fev. 2018. Disponível em: <nexojornal.com.br/expresso/2018/02/08/a-crise-das-universidades-federais-e--uma-analise-sobre-o-problema>. Acesso em: 8 jul. 2024.

LIMA, Marco Antônio de Oliveira; ROBERTT, Pedro. "Desigualdades sociais na educação superior: Um estudo de caso". *Revista Contraponto*, Porto Alegre, v. 3, n. 2, pp. 146-64, 2016.

LINHARES, Carolina. "Datafolha: Cresce diferença entre Lula e Bolsonaro no 2º turno das eleições". *Folha de S.Paulo*, São Paulo, 27 maio 2022.

LOPES, Monalisa Soares; ALBUQUERQUE, Grazielle; BEZERRA, Gabriella Maria Lima. "'2018, a batalha final': Lava Jato e Bolsonaro em uma campanha anticorrupção e antissistema". *Civitas: Revista de Ciências Sociais*, Porto Alegre, v. 20, n. 3, pp. 377-89, 2020.

LÓPEZ-CALVA, Luis F.; LUSTIG, Nora (Orgs.). *Declining Inequality in Latin America: A Decade of Progress?* Baltimore: Brookings Institution Press, 2010.

LUSTIG, Nora; PESSINO, Corola; SCOTT, John. "The Impact of Taxes and Social Spending on Inequality and Poverty in Argentina, Bolivia, Brazil, Mexico, Peru and Uruguay: An Overview". CEQ Working Paper n. 13, 2013.

MACEDO, Elizabeth. "As demandas conservadoras do movimento Escola sem Partido e a Base Nacional Curricular Comum". *Educação & Sociedade*, Campinas, v. 38, n. 139, pp. 507-24, 2017.

_____. "Repoliticizing the Social and Taking Liberty Back". *Educação em Revista*, Belo Horizonte, v. 34, pp. 1-15, 2018.

MACHADO, Lia Z. "Brazilian Feminisms in Their Relations with the State: Contexts and Uncertainties". *Cadernos Pagu*, Campinas, v. 47, pp. 1-37, 2016.

MAIA, Suzana; REITER, Bernd. "Racial Capital and White Middle Class Territorialization in Salvador, Brazil". *Latin American and Caribbean Ethnic Studies*, Londres, v. 17, n. 13, pp. 1-18, 2021.

MAISONNAVE, Fabiano. "Após se reunir com infratores ambientais, Salles suspende fiscalização na reserva Chico Mendes". *Folha de S.Paulo*, São Paulo, 4 dez. 2019. Disponível em: <www1.folha.uol.com.br/ambiente/2019/12/apos-se-reunir-com-infratores-ambientais-salles-suspende-fiscalizacao-na-reserva-chico-mendes.shtml>. Acesso em: 11 jan. 2020.

MALTA, Magno. "Projeto de Lei do Senado n. 193, de 2016". Senado Federal, 2016. Disponível em: <www25.senado.leg.br/web/atividade/materias/-/materia/125666>. Acesso em: 8 jul. 2024.

MARTELLO, Alexandre. "Salário mínimo será de R$ 1.039 em 2020, define governo". G1, 31 dez. 2019. Disponível em: <g1.globo.com/economia/noticia/2019/12/31/salario-minimo-sera-de-r-1039-em-2020-define-governo.ghtml>. Acesso em: 8 jul. 2024.

MARX, Karl. "Die Judenfrage". In: _____; ENGELS, Friedrich. *Werke* [1843]. Berlim Oriental: Dietz, 1976. v. 1, pp. 347-77.

MBEMBE, Achille. *On the Postcolony*. Berkeley: University of California Press, 2001.

_____. *Necropolitics*. Durham: Duke University Press, 2019. [Ed. bras.: *Necropolítica*. São Paulo: N-1, 2018.]

MEDEIROS, Marcelo; SOUZA, Pedro. "Estado e desigualdade de renda no Brasil: Fluxos de rendimentos e estratificação social". *Revista Brasileira de Ciências Sociais*, São Paulo, v. 28, n. 83, pp. 141-50, 2013.

MEDEIROS, Marcelo; SOUZA, Pedro; CASTRO, Fábio Avila de. "O topo da distribuição de renda no Brasil: Primeiras estimativas com dados tributários e comparação com pesquisas domiciliares (2006-2012)". *Dados*, Rio de Janeiro, v. 58, n. 1, pp. 7-36, 2015.

MESQUITA, Vinicius; KONCHINSKI, Vinicius. "Torcedores abrem cartazes após jogo no Maracanã e se juntam a protestos no centro do Rio". UOL, 20 jun. 2013.

MESSENBERG, Debora. "A direita que saiu do armário: A cosmovisão dos formadores de opinião dos manifestantes de direita brasileiros". *Sociedade e Estado*, Brasília, v. 32, n. 3, pp. 621-47, 2017.

MONITOR DO DEBATE POLÍTICO NO MEIO DIGITAL. "Manifestação 'em defesa do Estado democrático de direito' — Rio de Janeiro, 21 de abril de 2024", São Paulo: USP, 2024.

MORGAN, Marc. "Falling Inequality beneath Extreme and Persistent Concentration: New Evidence for Brazil Combining National Accounts, Surveys and Fiscal Data, 2001-2015 (WID.world Working Paper Series n. 12)". Wealth & Income Database, 2017.

MOTTA, Renata. "Socio-Environmental Inequalities and GM Crops: Class, Gender and Knowledge". In: JELIN, Elizabeth; ____; COSTA, Sérgio (Orgs.). *Global Entangled Inequalities: Concepts and Evidence from Latin America*. Londres: Routledge, 2017.

MOURA, Cristina Patriota de; JANUZZI, Vinicius Prado. "Brasília classificada: Novos espaços de classe média na capital federal". *Tempo Social*, São Paulo, v. 31, n. 1, pp. 113-34, 2019.

NASCIMENTO, Estefanie Silva; COSTA FILHO, Murilo Carrazedo Marques da; HOR-MEYLL, Luis Fernando. "Significados da educação privada na nova classe média". *Revista Pensamento Contemporâneo em Administração*, Niterói, v. 11, n. 2, pp. 32-46, 2017.

NASCIMENTO, Marco C. et al. "Com que cor eu vou pro shopping que você me convidou?". *Revista de Administração Contemporânea*, Curitiba, v. 19, n. 3, pp. 245-68, 2015.

NERI, Marcelo. *A nova classe média: O lado brilhante da base da pirâmide*. São Paulo: Saraiva, 2012.

_____. *A escalada da desigualdade: Qual foi o impacto da crise sobre a distribuição de renda e a pobreza?* Rio de Janeiro: Ed. FGV, 2019.

_____. *As classes médias brasileiras*. Rio de Janeiro: Ed. FGV, 2019.

_____. *Desigualdade de impactos trabalhistas na pandemia*. Rio de Janeiro: Ed. FGV, 2021.

NOBRE, Marcos. *Choque de democracia: Razões da revolta*. São Paulo: Companhia das Letras, 2013.

NOBRE, Marcos. *Imobilismo em movimento: Da abertura democrática ao governo Dilma*. São Paulo: Companhia das Letras, 2013.

_____. *Ponto-final: A guerra de Bolsonaro contra a democracia*. São Paulo: Todavia, 2020.

_____. *Limites da democracia*. São Paulo: Todavia, 2022.

NOGUEIRA, Mara. "Preserving the (Right Kind of) City: The Urban Politics of the Middle Classes in Belo Horizonte, Brazil". *Urban Studies*, Thousand Oaks, v. 57, n. 10, pp. 2163-80, 2020.

NOZAKI, William. "A privatização em 'marcha forçada' nos governos Temer e Bolsonaro". *Le Monde Diplomatique Brasil*, São Paulo, 14 maio 2019. Disponível em: <diplomatique.org.br/a-privatizacao-em-marcha-forcada-nos-governos-temer-e-bolsonaro>. Acesso em: 8 jul. 2024.

NUNES, Rodrigo. *Do transe à vertigem: Ensaios sobre bolsonarismo e um mundo em transição*. São Paulo: Ubu, 2022.

O'DOUGHERTY, Maureen. "Auto-retratos da classe média: Hierarquias de 'cultura' e consumo em São Paulo". *Dados*, Rio de Janeiro, v. 41, n. 2, pp. 411-44, 1998.

OLIVEIRA, Fabrício Augusto. "O sistema tributário brasileiro: evolução, distorções e os caminhos da reforma (1891-2017)". In: FAGNANI, Eduardo (Org.). *A reforma tributária necessária: Diagnóstico e premissas*. Brasília: Anfip; Fenafisco; São Paulo: Plataforma Política Social, 2018, pp. 112-29.

OLIVEIRA, Mariana; PASSARINHO, Nathalia. "Aprovação do governo Dilma cai de 55% para 31%, aponta Ibope". *O Globo*, Rio de Janeiro, 27 jul. 2013.

ORÉFICE, Giovana. "Representatividade racial bate recorde na comunicação brasileira". *Meio & Mensagem*, São Paulo, 22 jun. 2023. Disponível em: <www.meioemensagem.com.br/marketing/representatividade-na-comunicacao-digital>. Acesso em: 8 jul. 2024.

PACHECO, Dennis; BRANDÃO, Juliana. *Racismo estrutural e segurança pública*. São Paulo: Fórum Brasileiro de Segurança Pública, 2023. Nota técnica.

PAIXÃO, Marcelo. *500 anos de solidão: Estudos sobre desigualdades raciais no Brasil*. Curitiba: Apris, 2013.

PARKIN, Frank. *Class Inequality and Political Disorder*. Londres: Paladin, 1972.

_____. "Strategies of Social Closure in Class Formation". In: _____ (Org.). *The Social Analysis of Class Structure*. Londres: Tavistock, 1974.

PASSOS, Úrsula; FIORATTI, Gustavo. "Entre LGBTs, Haddad lidera com 57% e Bolsonaro tem 29%". *Folha de S.Paulo*, São Paulo, 26 out. 2018.

PENNA, Fernando; QUEIROZ, Felipe; FRIGOTTO, Gaudêncio (Orgs). *Educação democrática: Antídoto ao Escola sem Partido*. Rio de Janeiro: Uerj; LPP, 2018.

PENTEADO, Claudio L. C.; LERNER, Cecilia. "A direita na rede: Mobilização online no impeachment de Dilma Rousseff". *Em Debate*, Belo Horizonte, v. 10, n. 1, pp. 12-24, 2018.

PEREIRA, Aline; PEREIRA, Vantuil. "Miradas sobre o poder: A nova agência política do movimento negro brasileiro (2004-2021)". *Revista Brasileira de História*, São Paulo, v. 41, pp. 33-56, 2022.

PÉREZ SÁINZ, Juan P. *Mercados y bárbaros: La persistencia de las desigualdades de excedente en América Latina*. Quito: FLACSO, 2014. cap. 1, pp. 33-66.

_____. *Una historia de la desigualdad em América Latina: De la barbarie de los mercados desde el siglo XIX hasta hoy*. Buenos Aires: Siglo XXI, 2016.

PHILLIPS, Dom. "Brazil Space Institute Director Sacked in Amazon Deforestation Row". *The Guardian*, Londres, 2 ago. 2019. Disponível em: <www.theguardian.com/world/2019/aug/02/brazil-space-institute-director-sacked-in-amazon-deforestation-row>. Acesso em: 8 jul. 2024.

PICANÇO, Felícia. "Juventude por cor e renda no acesso ao ensino superior: Somando desvantagens, multiplicando desigualdades?". *Revista Brasileira de Ciências Sociais*, São Paulo, v. 30, n. 88, pp. 145-79, 2015.

PIETERSE, Jan N. *Multipolar Globalization: Emerging Economies and Development*. Londres: Routledge, 2018.

PILOTTO, Luciane Maria; CELESTE, Roger Keller. "Tendências no uso de serviços de saúde médicos e odontológicos e a relação com nível educacional e posse de plano privado de saúde no Brasil, 1998-2013". *Cadernos de Saúde Pública*, Rio de Janeiro, v. 34, n. 4, 2018.

PINHEIRO-MACHADO, Rosana; SCALCO, Lucia Mury. "Da esperança ao ódio: A juventude periférica bolsonarista". In: GALLEGO, Esther Solano (Org.). *O ódio como política: A reinvenção das direitas no Brasil*. São Paulo: Boitempo, 2018. pp. 53-60.

PINHO, Patricia de Santana. "Whiteness Has Come Out of the Closet and Intensified Brazil's Reactionary Wave". In: JUNGE, Benjamin et al. (Orgs.). *Precarious Democracy*. Ithaca: Rutgers University Press, 2021.

_____; SILVA, Elizabeth B. "Domestic Relations in Brazil: Legacies and Horizons". *Latin American Research Review*, Cambridge, v. 45, n. 2, pp. 90-113, 2010.

POCHMANN, Marcio. *O mito da grande classe média: Capitalismo e estrutura social*. São Paulo: Boitempo, 2014.

PRIES, Ludger. "Transnationalisierung und soziale Ungleichheit: Konzeptuelle Überlegungen und empirische Befunde aus der Migrationsforschung". In: BERGER, Peter A.; WEISS, Anja (Orgs.). *Transnationalisierung sozialer Ungleichheiten*. Wiesbaden: VS, 2008. pp. 41-64.

PSL — PARTIDO SOCIAL LIBERAL. "O caminho da prosperidade: Proposta de plano de governo". Brasília, 2018.

PSOL — PARTIDO SOCIALISMO E LIBERDADE. "Resolução do PSOL SP sobre as manifestações ocorridas nas últimas semanas". São Paulo, 2013. Disponível em: <psol50sp.org.br/2013/06/resolucao-do-psol-sp-sobre-as-manifestacoes-ocorridas-nas-ultimas-semanas>. Acesso em: 8 jul. 2024.

PT — PARTIDO DOS TRABALHADORES. "Mais mudanças, mais futuro". Brasília, 2014.

QUADROS, Waldir. "Raça e gênero na desigualdade social". *RBEST — Revista Brasileira de Economia Social e do Trabalho*, Campinas, v. 4, e022019, 2022.

_____ et al. "Classes médias e as desigualdades sociais no Brasil". In: BARTELT, Dawid Danilo (Org.). *A "nova classe média" no Brasil como conceito e projeto político*. Rio de Janeiro: Fundação H. Böll, 2013.

RAVENA, Nirvia. "A política ambiental brasileira sob ataque: Um palco de violências". *Nexo*, online, 11 jan. 2020. Disponível em: <www.nexojornal.com.br/ensaio/2020/A-pol%C3%ADtica-ambiental-brasileira-sob-ataque-um-palco-de-viol%C3%AAncias>. Acesso em: 8 jul. 2024.

REGIS, Igor. "Aviação: Brasil registra em 2020 o menor número de passageiros dos últimos 15 anos". Mercado & Eventos, 21 jan. 2021. Disponível em: <www.mercadoeeventos.com.br>. Acesso em: 8 jul. 2024.

REIS, Elisa. *Processos e escolhas: Estudos de sociologia política*. Rio de Janeiro: Contracapa, 1998.

RENNÓ, Lucio; AVRITZER, Leonardo; CARVALHO, Priscila Delgado de. "Entrenching Right-Wing Populism under Covid-19: Denialism, Social Mobility, and Government Evaluation in Brazil". *Revista Brasileira de Ciência Política*, Brasília, v. 36, pp. 1-29, 2021.

REYGADAS, Luis. "Las redes de la desigualdad: Un enfoque multidimensional". *Política y Cultura*, Cidade do México, v. 22, n. 2, pp. 7-25, 2004.

_____. "Más allá de la clase, la etnia y el género: Acciones frente a diversas formas de desigualdad en América Latina". *Alteridades*, Cidade do México, v. 14, n. 28, pp. 91-106, 2004.

RIOS, Flavia. "Cycles of Democracy and the Racial Issue in Brazil (1978-2019)". In: BIANCHI, Bernardo; CHALOUB, Jorge; RANGEL, Patricia; WOLF, Frieder Otto (Orgs.). *Democracy and Brazil: Collapse and Regression*. Londres: Routledge, 2020. pp. 26-40.

ROCHA, Camila. *Menos Marx, mais Mises: O liberalismo e a nova direita no Brasil*. São Paulo: Todavia, 2021.

ROCHA, João Cezar de Castro. *Bolsonarismo: Da guerra cultural ao terrorismo doméstico: Retórica do ódio e dissonância cognitiva coletiva*. Belo Horizonte: Autêntica, 2023.

RODRIGUES, Gabriel Ferreira. *Plataformização do trabalho doméstico*. Belo Horizonte: Fino Traço, 2024.

ROJAS SCHEFFER, Raquel. "Cercanía física, distancia social: Trabajo doméstico remunerado y (des)encuentros en hogares de América Latina". In: MECILA (Org.). *Convivialidad-desigualdad: Explorando los nexos entre lo que nos une y lo que nos separa*. Buenos Aires: Clacso; São Paulo: Mecila, 2022. pp. 477-521.

ROSENFELD, Bryn. "State Dependency and the Limits of Middle Class Support for Democracy". *Comparative Political Studies*, Thousand Oaks, v. 54, n. 3/4, pp. 411-44, 2021.

SAAD-FILHO, Alfredo. "Endgame: From crisis in neoliberalism to crises of neoliberalism". *Human Geography*, Thousand Oaks, v. 14, n. 1, pp. 133-7, 2021.

SABOIA, João; HALLAK NETO, João. "Salário mínimo e distribuição de renda no Brasil a partir dos anos 2000". *Economia e Sociedade*, Campinas, v. 27, n. 1, pp. 265-85, 2018.

SAFFIOTI, Heleieth. *A mulher na sociedade de classes: Mito e realidade* [1969]. 2. ed. Petrópolis: Vozes, 1976.

SALATA, André. "Quem é classe média no Brasil? Um estudo sobre identidades de classe". *Dados*, Rio de Janeiro, v. 58, n. 1, pp. 111-49, 2015.

SANTANA, Bianca. Entrevista. Brasil de Fato, 3 out. 2023.

SANTOS, Fabiano; SWAKO, José. "Da ruptura à reconstrução democrática no Brasil". *Saúde em Debate*, Rio de Janeiro, v. 40, número especial, pp. 114-21, 2016.

SANTOS, João G. B.; SANTOS, Karina S. "Das bancadas ao WhatsApp: Redes de desinformação como arma política". In: GALLEGO, Esther Solano; ROCHA, Camila (Orgs.). *Brasil em colapso*. São Paulo: Ed. Unifesp, 2019. pp. 45-60.

SCALON, Maria Celi. "Mapeando estratos: Critérios para escolha de uma classificação". *Dados*, Rio de Janeiro, v. 41, n. 2, pp. 337-75, 1998.

_____. *Ensaios de estratificação*. Belo Horizonte: Argumentum, 2009.

_____; SALATA, André. "Uma nova classe média no Brasil da última década? O debate a partir da perspectiva sociológica". *Sociedade e Estado*, Brasília, v. 27, n. 2, pp. 387-407, 2012.

SEMESP — SINDICATO DAS MANTENEDORAS DE ESTABELECIMENTOS DE ENSINO SUPERIOR NO ESTADO DE SÃO PAULO. *Mapa do Ensino Superior no Brasil*. São Paulo, 2016.

SEVERO, Ricardo Gonçalves; GONÇALVES, Suzane da Rocha Vieira; ESTRADA, Rodrigo Duque. "A rede de difusão do movimento Escola Sem Partido no Facebook e Instagram: Conservadorismo e reacionarismo na conjuntura brasileira". *Educação & Realidade*, Porto Alegre, v. 44, n. 3, pp. 1-28, 2019.

SINGER, André. *Os sentidos do lulismo: Reforma gradual e pacto conservador*. São Paulo: Companhia das Letras, 2012.

_____. *O lulismo em crise: Um quebra-cabeça do período Dilma (2011-2016)*. São Paulo: Companhia das Letras, 2018.

SOLANO, Esther (Org.). *O ódio como política: A reinvenção das direitas no Brasil*. São Paulo: Boitempo, 2018.

_____; ROCHA, Camila (Orgs.). *A direita nas redes e nas ruas*. São Paulo: Expressão Popular, 2019.

SOLER, Lorena; PREGO, Florencia. "The Right and Neo-Golpismo in Latin America: A Comparative Reading of Honduras (2009), Paraguay (2012), and Brazil (2016)". In: BIANCHI, Bernardo; CHALOUB, Jorge; RANGEL, Patricia; WOLF, Frieder Otto (Orgs.). *Democracy and Brazil: Collapse and Regression*. Londres: Routledge, 2020. pp. 61-77.

SOUZA, Murilo. "Número de deputados pretos e pardos aumenta 8,94%, mas é menor que o esperado". *Agência Câmara de Notícias*, 3 out. 2022.

SPROLL, Martina. "*Precarization, Genderization and Neotaylorist Work: How Global Value Chain Restructuring Affects Banking Sector Workers in Brazil*". desiguALdades.net, Working Paper n. 44. 2013.

ST. CLAIR, George. "'God Even Blessed Me with Less Money': Disappointment, Pentecostalism and the Middle Classes in Brazil". *Journal of Latin American Studies*, Cambridge, v. 49, n. 3, pp. 609-32, 2017.

STEWART, Frances. "Crisis Prevention: Tackling Horizontal Inequalities". *Oxford Development Studies*, Oxford, v. 28, n. 3, pp. 245-62, 2000.

_____. "Por qué persisten las desigualdades de grupo? Las trampas de la desigualdad horizontal". In: JIMÉNEZ, Félix (Org.). *Teoría económica y desigualdad social: Exclusión, desigualdad y democracia: Homenaje a Adolfo Figueroa*. Lima: Fondo Editorial de la PUC-Perú, 2010. pp. 269-98.

_____; BROWN, Graham; MANCINI, Luca. "Why Horizontal Inequalities Matter: Some Implications for Measurement". Oxford: CRISE Working Paper n. 19, 2005.

SUTTON, Barbara. *Bodies in Crisis: Culture, Violence, ad Women's Resistance in Neoliberal Argentina*. New Brunswick: Rutgers University Press, 2010.

TATAGIBA, Luciana; GALVÃO, Andréia. "Os protestos no Brasil em tempos de crise (2011-2016)". *Opinião Pública*, Campinas, v. 25, n. 1, pp. 63-96, 2020.

TAVARES, Joelmir. "Datafolha: Lula abre 21 pontos sobre Bolsonaro no 1º turno". *Folha de S.Paulo*, São Paulo, 27 maio 2022.

TELLES, Edward; BAILEY, Stanley. "Understanding Latin American Beliefs about Racial Inequality". *American Journal of Sociology*, Chicago, v. 118, n. 6, pp. 1559-95, 2013.

THERBORN, Göran. "Meaning, Mechanisms, Pattern, and Forces: An Introduction". In: ____ (Org.). *Inequalities of the World*. Londres: Verso, 2006. pp. 1-58.

_____. *The Killing Fields of Inequality*. Cambridge: Polity, 2013.

_____. "Dreams and Nightmares of the World's Middle Classes". *New Left Review*, Londres, v. 124, pp. 63-87, 2020.

THIEN, Hans-Günther. "Klassentheorien: Die letzten 50 Jahre". *Prokla*, Berlim, v. 44, n. 2, pp. 63-190, 2014.

THOMPSON, Edward. *The Formation of the English Working Class*. Londres: Penguin, 1991.

THORP, Rosemary; PAREDES, Maritza. *Ethnicity and the Persistence of Inequality: The Case of Peru*. Basingstoke: Palgrave Macmillan, 2010.

TILLY, Charles. *Durable Inequality*. Los Angeles: University of California Press, 1999.

_____. "O acesso desigual ao conhecimento científico". *Tempo Social*, São Paulo, v. 18, n. 2, pp. 47-63, 2006.

_____. *Democracy*. Cambridge: Cambridge University Press, 2007.

TOGNOZZI, Marcelo. "O agro no poder". Poder 360, 18 mar. 2023.

TOKARSKI, Carolina; PINHEIRO, Luana. "Trabalho doméstico remunerado e covid-19: Aprofundamento das vulnerabilidades em uma ocupação precarizada". *Boletim de Análise Político-Institucional*, Brasília, n. 26, 2021. Disponível em: <repositorio.ipea.gov.br/handle/11058/10521>. Acesso em: 8 jul. 2024.

TOLEDO, José Roberto de. "Aeroporto ou rodoviária?". *O Estado de S. Paulo*, São Paulo, p. 5, 10 fev. 2014.

TORQUATO, Chalini. "Minorias, lugar de fala e direito à comunicação na mídia: Entre o ativismo pela cidadania e a mercadorização de pautas sociais". *Intertexto*, Porto Alegre, n. 52, 2021.

TSE — TRIBUNAL SUPERIOR ELEITORAL. *"Estatísticas Eleitorais 2014"*. Brasília, 2014. Disponível em: <www.tse.jus.br/eleicoes/estatisticas/estatisticas-eleitorais-2014-resultado>. Acesso em: 8 jul. 2024.

VAGGIONE, Juan Marco; MACHADO, Maria das Dores C.; BIROLI, Flávia. "Introdução: Matrizes do neoconservadorismo religioso na América Latina". In: _____; _____; _____. *Gênero, neoconservadorismo e democracia: Disputas e retrocessos na América Latina*. São Paulo: Boitempo, 2020. pp. 13-40.

VASCONCELOS, Nádia M. et al. "Violência contra pessoas LGB+ no Brasil: Análise da Pesquisa Nacional de Saúde 2019". *Revista Brasileira de Epidemiologia*, São Paulo, v. 26, supl. 1, e230005, 2023.

VAZ, Daniela Verzola; HOFFMANN, Rodolfo. "Evolução do padrão de consumo das famílias brasileiras entre 2008 e 2017". Textos para Discussão 384, Campinas, IE; Unicamp, 2020.

VENTURINI, Lilian. "Do impeachment à intervenção: Como chegamos até aqui". *Nexo*, online, 24 fev. 2018. Disponível em: <www.nexojornal.com.br/expresso/2018/02/24/Do-impeachment-%C3%A0-interven%-C3%A7%C3%A3o-como-chegamos-at%C3%A9-aqui>. Acesso em: 8 jul. 2024.

VIEIRA, Airton. "Manifestação. Inquérito 4781". Brasília: Supremo Tribunal Federal, 2022.

VIVEROS VIGOYA, Mara. *Interseccionalidad: Giro decolonial y comunitário*. Buenos Aires: Clacso; Amsterdam: TNI, 2023.

WASSER, Nicolas. "Situating Affect in Brazilian Female Domestic Labour". *Distinktion: Journal of Social Theory*, Londres, v. 20, n. 1, pp. 118-34, 2019.

WEBER, Max. *Wirtschaft und Gesellschaft: Grundriss der verstehenden Soziologie* [1922]. Tubinga: J. C. B. Mohr, 1956. [Ed. bras.: *Economia e sociedade*. Brasília: Ed. UnB, 2012.]

WEISS, Anja. "The Transnationalization of Social Inequality: Conceptualizing Social Positions on a World Scale". *Current Sociology*, Londres, v. 53, n. 4, p. 707-28, 2005.

WIMBAUER, Christine. "Umverteilung oder Anerkennung? Und wenn: Wovon und durch wen? Theoretische Überlegungen zur aktuellen Debatte um Anerkennung oder Umverteilung". Berlim: WZB, Projekt "Liebe", (Erwerbs-)Arbeit, Anerkennung, Working Paper 1, 2004.

WORLD BANK. *Economic Mobility and the Rise of the Latin American Middle Class*. Washington, 2013.

_____. *Social Gains in the Balance: A Fiscal Police Challenge for Latin America and the Caribbean*. Washington, 2014.

_____. "Data Brazil, 2019". Disponível em: <data.worldbank.org/country/brazil>. Acesso em: 8 jul. 2024.

_____. "World Bank Open Data, 2022". Disponível em: <data.worldbank.org>. Acesso em: 8 jul. 2024.

WRIGHT, Erik Olin. *Classes*. Londres: Verso, 1985.

YSTANES, Margit; STRØNEN, Iselin A. (Orgs.). *The Social Life of Economic Inequalities in Contemporary Latin America: Decades of Change*. Basingstoke: Palgrave Macmillan, 2017.

ZANDONADE, Patricia; MORETTI, Ricardo. "O padrão de mobilidade de São Paulo e o pressuposto de desigualdade". *EURE — Estudios Urbano Regionales*, Santiago, v. 38, n. 113, pp. 77-97, 2012.

ZHOURI, Andrea. "Mapping Environmental Inequalities in Brazil: Mining, Environmental Conflicts and Impasses of Mediation". desiguALdades. net, Working Paper n. 75, 2014.

ZUGMAN, Daniel L. "Reflexões sobre as possíveis razões para não ocorrer uma reforma tributária no Brasil". *Revista Direito GV*, São Paulo, v. 12, n. 3, pp. 610-31, 2016.

PUBLICAÇÕES ANTERIORES

Versões anteriores ou trechos dos capítulos que compõem este livro foram publicados como artigo ou capítulo de coletâneas. Mencionam-se abaixo as primeiras publicações em cada caso:

Introdução

COSTA, Sérgio. "Unequal and Divided: The Middle Classes in Contemporary Brazil". Mecila, Working Paper Series n. 45, 2022.

1. Desigualdades multidimensionais, interseccionais e entrelaçadas

COSTA, Sérgio. "Entangled Inequalities, State, and Social Policies in Contemporary Brazil". desiguALdades.net, Working Paper n. 88, 2015.
_____. "Desigualdades, interdependências e políticas sociais no Brasil". In: PIRES, Roberto R. (Org.). *Implementando desigualdades: Reprodução de desigualdades na implementação de políticas públicas*. Rio de Janeiro: Ipea, 2019. pp. 53-77.

2. Vetores, esferas e mecanismos da desigualdade

COSTA, Sérgio. "Millionaires, the Established, Outsiders and the Precariat: Social Structure and Political Crisis in Brazil". desiguALdades.net, Working Paper n. 99, 2016.

3. Desigualdades, diferenças e escolhas políticas

COSTA, Sérgio. "Millionaires, the Established, Outsiders and the Precariat: Social Structure and Political Crisis in Brazil". desiguALdades.net, Working Paper n. 99, 2016.
_____. "Desigualdade, diferença, articulação". *Caderno CRH*, Salvador, v. 32, n. 85, pp. 33-45, 2019.

4. Deslocamentos das situações interseccionais no Brasil contemporâneo

COSTA, Sérgio. "Estrutura social e crise política no Brasil". *Dados*, Rio de Janeiro, v. 61, n. 4, pp. 499-533, 2018.
_____. "Der Rechtsruck in Brasilien: ein intersektioneller Deutungsversuch". *Leviathan*, Berlin, v. 34, n. 4, pp. 655-79, 2020.

5. Situações interseccionais, tensões conviviais, escolhas políticas

COSTA, Sérgio. "Eine 'unparteiische Schule'? Politische Bildung nach dem Rechtsruck in Brasilien". *Aus Politik und Zeitgeschichte*, Berlim, v. 14/15, 2020.
_____. "Unequal and Divided: The Middle Classes in Contemporary Brazil". Mecila, Working Paper Series n. 45, 2022.

© Sérgio Costa, 2025

Todos os direitos desta edição reservados à Todavia.

Grafia atualizada segundo o Acordo Ortográfico da Língua Portuguesa de 1990, que entrou em vigor no Brasil em 2009.

capa
Fernanda Ficher
composição
Stephanie Y. Shu
preparação
Cacilda Guerra
revisão
Ana Alvares
Raquel Toledo

Dados Internacionais de Catalogação na Publicação (CIP)

Costa, Sérgio (1963-)
  Desiguais e divididos : Uma interpretação do Brasil polarizado / Sérgio Costa. — 1. ed. — São Paulo : Todavia, 2025.

  ISBN 978-65-5692-776-3

  1. Política — Brasil. 2. Desigualdade. 5. Pobreza. I. Título.

CDD 320.981

Índice para catálogo sistemático:
1. Situação política no Brasil 320.981

Bruna Heller — Bibliotecária — CRB 10/2348

todavia
Rua Luís Anhaia, 44
05433.020 São Paulo SP
T. 55 11. 3094 0500
www.todavialivros.com.br

fonte
Register*
papel
Pólen natural 80 g/m²
impressão
Geográfica